民法典实施新编版

法律常识一本通

（APP扩展版）

《法律常识一本通》编写组◎编

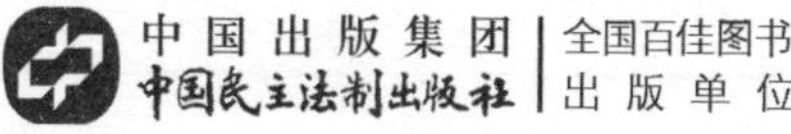

图书在版编目（CIP）数据

法律常识一本通 ：APP 扩展版 / 《法律常识一本通》编写组编. -- 北京 ：中国民主法制出版社，2021.2

ISBN 978-7-5162-2516-5

Ⅰ. ①法… Ⅱ. ①法… Ⅲ. ①法律－中国－问题解答 Ⅳ. ① D920.5

中国版本图书馆 CIP 数据核字（2021）第 031251 号

图书出品人：刘海涛
出 版 统 筹：周锡培　陈百顺
责 任 编 辑：董　理　严月仙

书　　名 / 法律常识一本通（APP扩展版）
作　　者 / 《法律常识一本通》编写组　编

出版·发行 / 中国民主法制出版社
地址 / 北京市丰台区右安门外玉林里7号（100069）
电话 / （010）63055259（总编室）　63058068　63057714（营销中心）
传真 / （010）63055259
http: // www.npcpub.com
E-mail: mzfz@npcpub.com
经销 / 新华书店
开本 / 32开　880毫米×1230毫米
印张 / 8　　字数 / 187千字
版本 / 2021年2月第1版　　2021年2月第1次印刷
印刷 / 北京飞帆印刷有限公司

书号 / ISBN 978-7-5162-2516-5
定价 / 39.00元

▶ FOREWORD 前言

建设信仰法治、公平正义、保障权利、守法诚信、充满活力、和谐有序的社会主义法治社会，是增强人民群众获得感、幸福感、安全感的重要举措。法律作为人们必须遵循的行为规范，在社会生活中，发挥着越来越重要的作用。

2021年，是“八五”普法的开局之年，也是新中国首部法典《中华人民共和国民法典》的正式实施之年。为了扎实做好“八五”普法，使法治观念进一步深入人心，中国民主法制出版社诚邀法学专家、资深律师反复研究，精选出新权利时代影响人们生活的近千个法律小常识，分门别类，编写了这本《法律常识一本通》。同时，为适应融媒体时代普法需求，本书还配备了百姓法治宝典APP，扫码下载可免费获取海量普法资源，包括法律知识问答、案例、普法动漫、微讲座等，用户可在线智能咨询法律问题，下载实用法律文书模板，以备不时之需。

本书采用真实案例，结合最新的法律知识，以浅显易懂的语言，分析讲解了人们在工作和生活中经常会遇到的法律问题，让人们明白自己的权利和义务是什么？权利被侵犯了怎么办？法律的禁区和风险在哪里？常见违法行为需要承担什么法律责任？全书内容丰富、贴近大众，文字通俗易懂又不乏专业建议，让没有法律基础的人也能读着轻松、用着方便，可以作为百姓日常生活中解决法律问题的行动指南。

鉴于法律关系千变万化，书中案例的选取和分析，难免存在不够详尽和周全的地方，如有不妥之处，恳请得到广大读者的谅解和指正。

衷心希望这本书，能够以它有限的知识含量在读者心中描绘出无限的法治模样，通过一个个小案例，让广大读者感受到法律的正义和温度，常常信仰法律，时时遵守法律，事事依靠法律。

2021年1月

本书编写组

本书编委会

主　　任：刘海涛　陈百顺

副主任：董　理　宋玉珍　严月仙

编撰人员：陈百顺　宋玉珍　严月仙　张佳立
郝志新　潘映宇　陈　娟　刘　静
胡俊平　罗　卉　刘　丹　杨　文
修文龙　袁晓霞　陈　瑶　龚　燕
段继鹏　周于生　黄筱婷　刘重阳
刘瑞涛　冯　晨　吕泽方　刘云平

▶CONTENTS 目录

宪法与我 公民的基本权利和义务

民法典·总则编　条条与生活息息相关

民法典·物权编 保护公民合法财产权

民法典·合同编 防范风险保护交易安全

民法典·人格权编 让每个人活得更有尊严

民法典·婚姻家庭编 “清官”巧断家务事

民法典·继承编 财富继承与家风传承

民法典·侵权责任编 百姓维权的行动指南

劳动保障 保护劳动者合法权益

预防犯罪 不走歪门邪路 学会自我保护

依法维权 与法同行做法律明白人

宪法与我

公民的基本权利和义务

1. 未成年人是否有被选举权？

【案例】

张某虽然刚年满十六周岁，但通过电商平台销售家乡的土特产，已经能够自食其力，成为当地新晋的“销售网红”。自从他在当地公安机关首次申请领取了居民身份证，就开始对外独立签署购销合同。适逢乡人大换届选举，街道居委会在社区宣传栏内贴出选举公告，隔壁邻居开玩笑地说，他应该当选人大代表，带领更多人致富。张某能参加人大代表选举吗？

【法律分析】

根据宪法和选举法的规定，中华人民共和国年满十八周岁的公民，不分民族、种族、性别、职业、家庭出身、宗教信仰、教育程度、财产状况、居住期限，都有选举权和被选举权；但是依照法律被剥夺政治权利的人除外。这就是说，在我国，公民只要符合以下三个条件就有选举权和被选举权：一是具有中华人民共和国国籍，二是年满十八周岁，三是依法享有政治权利。本案中，张某以自己的劳动收入为主要生活来源，在民法上视为具有完全民事行为能力人，可以独立实施民事法律行为，但是他未满十八周岁，还是未成年人，没有选举权和被选举权。

【法条链接】

《中华人民共和国宪法》第三十四条　中华人民共和国年满十八周岁的公民，不分民族、种族、性别、职业、家庭出身、宗教信仰、教育程度、

财产状况、居住期限，都有选举权和被选举权；但是依照法律被剥夺政治权利的人除外。

《中华人民共和国全国人民代表大会和地方各级人民代表大会选举法》第四条 中华人民共和国年满十八周岁的公民，不分民族、种族、性别、职业、家庭出身、宗教信仰、教育程度、财产状况和居住期限，都有选举权和被选举权。

依照法律被剥夺政治权利的人没有选举权和被选举权。

2. 粗暴干涉子女婚姻自由违法吗？

【案例】

蔡某与同村青年林某自由恋爱，并约定年底登记结婚。但是，蔡某的父亲嫌林某家贫，不赞成这桩婚事。

某日，蔡某约林某在河边见面，蔡父尾随而至，嘲讽并质问林某有什么条件娶自己的女儿。蔡某苦苦哀求，蔡父不为所动，强行将她带回家，锁在房间里，不让其外出。后来林某报警，警察对蔡父提出严肃批评，称粗暴干涉子女婚姻自由是违法的。蔡父不服气，认为自己不过是管教女儿。他的想法对吗？

【法律分析】

宪法保护公民的人身自由和婚姻自由。中华人民共和国公民的人身自由不受侵犯。禁止任何人、任何组织非法拘禁和以其他方法非法剥夺或者限制公民的人身自由。本案中，蔡父为干涉子女婚姻，对女儿实施非法拘禁行为，违反了宪法的规定。为了维护家庭和睦，警察没有对蔡某父亲作严肃处理，只对其进行了批评教育，这样做是为了兼顾法理和情理。

【法条链接】

《中华人民共和国宪法》第三十七条 中华人民共和国公民的人身自由不受侵犯。

任何公民，非经人民检察院批准或者决定或者人民法院决定，并由公安机关执行，不受逮捕。

禁止非法拘禁和以其他方法非法剥夺或者限制公民的人身自由，禁止非法搜查公民的身体。

《中华人民共和国宪法》第四十九条 婚姻、家庭、母亲和儿童受国家的保护。

夫妻双方有实行计划生育的义务。

父母有抚养教育未成年子女的义务，成年子女有赡养扶助父母的义务。

禁止破坏婚姻自由，禁止虐待老人、妇女和儿童。

3. 村干部能随意搜查村民的住宅吗？

【案例】

某村文化站丢失了一套音响。这套音响是村党支部书记冯某为了活跃群众文化生活而购置的，不知被谁偷走了。冯某上任以来，致力整顿民风民俗，自认为成效明显，不承想竟发生这样的事。冯某在案发次日向乡派出所报了案。为尽快将此事查个水落石出，他和村干部召开了党支部及村民委员会会议，决定对全村进行搜查。他动员百名中学生，在村干部带领下，搜查了每家每户。冯某急于查出音响的下落，鲁莽行事，却因不懂法，犯了非法搜查罪，受到了法律制裁。

【法律分析】

搜查是公安机关、人民检察院在办理刑事案件过程中采取的一种侦查措施，必须按照法律规定的程序进行。宪法规定，我国公民的住宅不受侵犯。禁止非法搜查或者非法侵入公民的住宅。冯某虽为村党支部书记，但也无权对村民住宅进行搜查，只能配合公安机关的工作，而无权行使法律赋予公安机关的权力。

【法条链接】

《中华人民共和国宪法》第三十九条 中华人民共和国公民的住宅不受侵犯。禁止非法搜查或者非法侵入公民的住宅。

4. 有了“保护伞”就能无法无天吗？

【案例】

张某是某市黑社会性质组织的头目，人称“虎哥”，在市政府某领导的庇护下，依靠垄断经营和收取保护费，聚敛了巨额财富。某年5月，该市公安局局长负责彻查当地发生的多起重大暴力犯罪案件，张某涉嫌其中，被依法拘留。张某气焰嚣张地声称：“过不了明天，你们就要亲自送我出去。”张某家属也奔走寻求“保护伞”庇护，要求公安局立刻放人，遭到办案人员严词拒绝。

某年10月，张某因犯故意杀人罪、非法经营罪等多项罪名，数罪并罚，被依法判处死刑，缓期两年执行。

【法律分析】

我国宪法明确规定，中华人民共和国实行依法治国，建设社会主义法治国家。任何组织或者个人都不得有超越宪法和法律的特权。本案中，公安局依法查办黑社会性质组织头目张某的暴力犯罪案件，维护了宪法和法律的尊严，体现了依法治国的要求。

【法条链接】

《中华人民共和国宪法》第五条 中华人民共和国实行依法治国，建设社会主义法治国家。

国家维护社会主义法制的统一和尊严。

一切法律、行政法规和地方性法规都不得同宪法相抵触。

一切国家机关和武装力量、各政党和各社会团体、各企业事业组织都必须遵守宪法和法律。一切违反宪法和法律的行为，必须予以追究。

任何组织或者个人都不得有超越宪法和法律的特权。

5. 人大代表的身份能否成为违法犯罪的“护身符”？

【案例】

某日，公安分局民警在处理一起车辆剐蹭纠纷时，发现人大代表张某涉嫌酒后驾车，随即对其进行酒精呼气测试，结果显示张某血液中的酒精含量为136mg/100ml。另经司法鉴定中心检验，张某的血液中乙醇浓度超过80mg/100ml的标准，达到了醉酒状态。经过侦查，警方认定张某涉嫌危险驾驶罪，根据刑事诉讼法的规定，公安分局决定对张某采取刑事强制措施。由于张某具有县人大代表的身份，因此，公安分局向该县人大常委会发去关于提请批准采取刑事

拘留强制措施的函。不久，县人大常委会通过了对张某采取刑事拘留强制措施并暂停其执行代表职务的议案。

【法律分析】

在我国，任何组织或者个人都不得有超越宪法和法律的特权。从人大代表履职需要出发，我国相关法律赋予人大代表特别的人身保障权，但法律保护的是人大代表的合法权益而不是违法行为。人大代表的身份不能成为违法犯罪行为的“护身符”，本案的侦办体现了“一切违反宪法和法律的行为，必须予以追究”的宪法规定在司法实践中得到严格执行。

【法条链接】

《中华人民共和国宪法》第五条第四款 一切国家机关和武装力量、各政党和各社会团体、各企业事业组织都必须遵守宪法和法律。一切违反宪法和法律的行为，必须予以追究。

6. 参加传销组织违法吗？

【案例】

在外打工的陈某在朋友鼓惑下，加入某传销组织。后来，该传销组织被警方取缔，失去工作的陈某回到老家。在老家，陈某发现某品牌的护肤品很畅销，就与商家取得联系，做起了代理商。为了拓展业务，扩大销售额，陈某采取发展下线并给予回扣的方式销售，很快建立起一个庞大的传销网络。在销售活动中，陈某及其传销组织成员将这种护肤品的功能无限夸大，声称其不仅能美白、嫩肤，还具有延缓衰老，增强身体免疫力的功效。一瓶成本只有十几元的护肤品被包装后，卖到数百元。不少受到欺骗的消费者向消费者协会、市场监督管理部门投诉，当地多部门联合执法，将陈某及其传销组织成员悉数抓获。

【法律分析】

宪法规定，国家通过提高劳动者的积极性和技术水平，推广先进的科学技术，完善经济管理体制和企业经营管理制度，实行各种形式的社会主义责任制，改进劳动组织，以不断提高劳动生产率和经济效益，发展社会生产力。国家实行社会主义市场经济。国家依法禁止任何组织或者个人扰乱社会经济秩序。本案中，陈某及其组织成员采用传销这种国家明令禁止的方式销售商品，扰乱了社会经济秩序，应予取缔。

【法条链接】

《中华人民共和国宪法》第十五条 国家实行社会主义市场经济。

国家加强经济立法，完善宏观调控。

国家依法禁止任何组织或者个人扰乱社会经济秩序。

7. 为讨债住进债务人家里违法吗？

【案例】

宋某向邻居钱某借款 5 万元用于超市的资金周转。双方约定，借款期限为一年，到期宋某应还本付息。宋某将借来的钱全部投入经营，但超市的效益并没有好转。一转眼，还款期限到了，宋某无

力偿还钱某的借款。为了躲债，宋某不接钱某的电话，且闭门不出。钱某火冒三丈，坚持要求宋某还钱。宋某以手头紧张，暂时筹不到钱回复，钱某不信，从家里带来被子和凉席，住进了宋某家，并扬言："如果不还钱，就一直住下去。"宋某向当地公安机关报警，办案民警告诉钱某，追讨债务应该通过正当的法律途径，非法侵入公民住宅是违法的。

【法律分析】

宪法规定，中华人民共和国公民的住宅不受侵犯，禁止非法搜查或者非法侵入公民的住宅。警察要进入私人住宅搜查，必须出具有关证件，否则也属违法行为。本案中，钱某为追讨债务非法侵入宋某的住宅，属于违法行为。人都有"手头紧"的时候，借钱救急在所难免，正所谓好借好还再借不难！本案中，宋某欠钱不还肯定不对，但是钱某讨债也应该采用合法手段，才能获得法律支持。

【法条链接】

《中华人民共和国宪法》第三十九条　中华人民共和国公民的住宅不受侵犯。禁止非法搜查或者非法侵入公民的住宅。

8. 丈夫有权擅自查阅妻子的聊天记录和电子邮件吗？

【案例】

齐某是网络安全公司的技术专家，对于盗号、破解加密邮件，不费吹灰之力。某日，齐某怀疑妻子杨某有外遇，采用黑客手段窃取了妻子的聊天工具、电子邮件的用户名和密码。齐某借机浏览了妻子杨某大量的聊天记录和电子邮件往来内容，没有找到出轨的证据，因此，特意买了一束花向妻子道歉，并将擅自查阅其聊天记录和电子邮件的经过据实告知。齐某本以为，只要真诚道歉，妻子就会原谅自己。但杨某认为，丈夫窃取其个人隐私，已损害了婚姻相互信任的基础。因此，杨某以丈夫侵犯个人通信秘密为由，向法院起诉离婚。

【法律分析】

宪法规定，中华人民共和国公民的通信自由和通信秘密受法律的保护。公安机关或者检察机关因国家安全或者追查刑事犯罪的需要，可以依照法律规定的程序对通信进行检查。此外，任何组织或者个人不得以任何理由侵犯公民的通信自由和通信秘密。本案中，齐某采用黑客手段，非法窃取妻子杨某的聊天记录和电子邮件内容，侵犯了杨某的通信秘密。

【法条链接】

《中华人民共和国宪法》第四十条　中华人民共和国公民的通信自由和通信秘密受法律的保护。除因国家安全或者追查刑事犯罪的需要，由公安机关或者检察机关依照法律规定的程序对通信进行检查外，任何组织或者个人不得以任何理由侵犯公民的通信自由和通信秘密。

9. 被冤枉杀人，沉冤昭雪后能获得国家赔偿吗？

【案例】

赵柳村发生了一起命案，当地公安机关在侦查后，确定赵某为犯罪嫌疑人。赵某被提起公诉，一审被判处死刑，缓期两年执行，上诉后，二审维持原判。七年后，与赵某同村的郭某因实施绑架行为被警方抓获，在供述中，郭某承认当年赵柳村发生的命案也系其所为，经查证属实，真凶浮出了水面，高级人民法院随即作出再审判决，赵某被宣告无罪，可此时赵某已经在监狱服刑七年。赵某可以申请国家赔偿吗？

【法律分析】

宪法规定，中华人民共和国公民对于任何国家机关和国家工作人员，有提出批评和建议的权利；对于任何国家机关和国家工作人员的违法失职行为，有向有关国家机关提出申诉、控告或者检举的权利。对于公民的申诉、控告或者检举，有关国家机关必须查清事实，负责处理。任何人不得压制和打击报复。由于国家机关和国家工作人员侵犯公民权利而受到损失的人，有权取得国家赔偿。本案中，赵某因国家机关和国家工作人员侵犯公民权利受到损失，有权依照法律规定获得国家赔偿。

【法条链接】

《中华人民共和国宪法》第四十一条第三款　由于国家机关和国家工作人员侵犯公民权利而受到损失的人，有依照法律规定取得赔偿的权利。

10. 加班费能抵消休息权吗?

【案例】

某公司是一家劳动密集型企业，主要生产电子元器件，受国际市场需求影响，订单量大增。为了完成订单，该公司不断给员工加码，让所有工人每天八小时工作外，还必须加班三个小时。虽然有加班费，但很多员工仍然难以忍受如此高强度的体力劳动。星期天是公司员工每周仅有的休息日，订单量增加后，这仅有的一天休息日也被挤占。有员工向劳动保障部门投诉，当地劳动部门在查明情况后，责令该公司严格执行国家规定的职工休息、休假制度，并处以罚款。

【法律分析】

宪法规定，中华人民共和国公民有劳动的权利和义务。国家通过各种途径，创造劳动就业条件，加强劳动保护，改善劳动条件，并在发展生产的基础上，提高劳动报酬和福利待遇。劳动是一切有劳动能力的公民的光荣职责。国有企业和城乡集体经济组织的劳动者都应当以国家主人翁的态度对待自己的劳动。国家提倡社会主义劳动竞赛，奖励劳动模范和先进工作者。我国劳动者有休息的权利。国家发展劳动者休息和休养的设施，规定职工的工作时间和休假制度。本案中，该公司无视劳动者的休息权，强制要求职工加班的做法违反了宪法和劳动法的相关规定。

【法条链接】

《中华人民共和国宪法》第四十三条　中华人民共和国劳动者有休息的权利。

国家发展劳动者休息和休养的设施，规定职工的工作时间和休假制度。

《中华人民共和国劳动法》第三条 劳动者享有平等就业和选择职业的权利、取得劳动报酬的权利、休息休假的权利、获得劳动安全卫生保护的权利、接受职业技能培训的权利、享受社会保险和福利的权利、提请劳动争议处理的权利以及法律规定的其他劳动权利。

劳动者应当完成劳动任务，提高职业技能，执行劳动安全卫生规程，遵守劳动纪律和职业道德。

《中华人民共和国劳动法》第三十八条 用人单位应当保证劳动者每周至少休息一日。

11. 未成年人可以辍学打工吗？

【案例】

某市阳光中学十四岁少年王某看到自己周围一些上过大中专院校的学生就业非常困难，有的只能为本地或外地的个体老板打工，便认为读书无用。于是，他在学校既不认真听课，也不认真完成作业，有时还旷课、逃课，荒废学业，一门心思想着辍学打工挣钱。

班主任杨老师知道王某的想法后，及时和其监护人沟通，一起做王某的思想工作。杨老师告诉王某，接受义务教育是你的权利，也是你的义务。未成年人辍学外出打工，正规的企事业单位也不会招收，因为我国劳动法规定，禁止用人单位招用未满十六周岁的未成年人。

【法律分析】

青少年时期正是思想不断丰富完善的时期，难免对某些社会现象看法存在偏颇，此时，需要父母或其他监护人正确引导和帮助。依据宪法规定，受教育既是公民的权利，也是公民的义务。本案中，王某不认真学习、逃课等行为是不珍惜受教育的权利，没有认真履行受教育义务的表现。王某没有认识到受教育对自身发展的重要性，不懂得只有接受教育，掌握更多的知识和技能，将来才能获得更好的就业和提升的机会。作为父母或者其他监护人应当尊重未成年人受教育的权利，必须使适龄未成年人依法入学接受并完成义务教育，不得使接受义务教育的未成年人辍学。

【法条链接】

《中华人民共和国宪法》第四十六条 中华人民共和国公民有受教育的权利和义务。

国家培养青年、少年、儿童在品德、智力、体质等方面全面发展。

12. 招聘启事“限男性”是就业歧视吗?

【案例】

郭某在网上看到某职业技能培训学校在招聘文案人员，认为自己的学历以及实习经验符合学校的要求，便在网上投了简历。等待多日后没有得到任何回复，郭某再次浏览该网站的页面，发现招聘页面上增加了“限男性”的要求。郭某表示不解，多次电话咨询，并到学校当面了解，对方坚持招聘的“文案人员”这一职位只要男性，表示这个岗位不适合女性。郭某认为自己的就业平等权受到了侵犯，遂向法院提起了诉讼。

【法律分析】

在我国，妇女平等就业权利受宪法和法律保护。法院认为，被告不对原告是否符合其招聘条件进行审查，而直接以原告为女性，其需招录男性为由拒绝原告应聘，其行为侵犯了原告平等就业的权利，对原告实施了就业歧视。女性就业遭歧视的现象曾长期存在，近年来情况虽有所好转，但仍不容乐观，本案的宣判，对遏制就业性别歧视，具有普遍的宣传教育意义。

【法条链接】

《中华人民共和国宪法》第四十八条　中华人民共和国妇女在政治的、经济的、文化的、社会的和家庭的生活等各方面享有同男子平等的权利。

国家保护妇女的权利和利益，实行男女同工同酬，培养和选拔妇女干部。

13. 父亲未尽抚养义务，成年后能因此不赡养他吗？

【案例】

张小某从小与爷爷一起生活，如今已经长大成人。张小某的父亲张某常年在外地打工，对他疏于照顾，父子感情淡漠。后来，张某在车祸中失去一只胳膊，丧失劳动能力，生活陷入困境，张某要求张小某履行赡养义务。但是，张小某认为父亲未对其尽抚养义务，也没有资格要求其承担赡养义务。多次协商无果后，张某将儿子张小某告到当地法院。当地法院审理后认为，父母是否尽抚养义务并不是子女承担赡养义务的前提，张某生活陷入困境，张某有义务赡养和进行扶助。经法院调解，张某父子最终取得相互谅解，张小某同意每月向父亲支付1000元生活费，并定期看望和照顾其饮食起居。

【法律分析】

宪法规定，婚姻、家庭、母亲和儿童受国家的保护。父母有抚养教育未成年子女的义务，成年子女有赡养扶助父母的义务。禁止虐待和遗弃老人、妇女和儿童。本案中，张某作为成年子女，在父亲丧失劳动能力、生活陷入困境时，应履行对其父的赡养义务。

【法条链接】

《中华人民共和国宪法》第四十九条 婚姻、家庭、母亲和儿童受国家的保护。

夫妻双方有实行计划生育的义务。

父母有抚养教育未成年子女的义务，成年子女有赡养扶助父母的义务。

禁止破坏婚姻自由，禁止虐待老人、妇女和儿童。

14. 提前向外国记者提供报告稿，算泄露国家秘密吗？ 

【案例】

“两会”期间，吴某与前来采访全国人大会议新闻的境外某报记者梁某相识。梁某为了提前知悉大会领导人发言的报告稿，唆使吴某非法获取。吴某利用工作之便，将本单位有关人员内部传阅的

某位中央领导准备在全国人大会议上发言的报告送审稿（绝密级），私自复印了一份，按事先约定的地点非法提供给梁某，梁某向吴某支付了报酬。梁某立即将此报告稿全文传到境外，国外媒体随即全文刊登了这篇还没公布的报告稿，造成恶劣影响。

【法律分析】

人民检察院以吴某涉嫌为境外人员非法提供国家秘密罪向该市中级人民法院提起公诉。市中级人民法院依法不公开审理此案，法院认为，吴某身为国家工作人员，为谋私利，违反宪法和国家保密法相关规定，为境外人员非法提供国家核心机密，危害国家安全，吴某的行为已构成为境外人员非法提供国家秘密罪，其犯罪性质恶劣，情节、后果特别严重。依照刑法的规定，判决吴某为境外人员非法提供国家秘密罪成立，判处吴某无期徒刑，剥夺政治权利终身，同时，查获的赃款予以没收。

【法条链接】

《中华人民共和国宪法》第五十三条 中华人民共和国公民必须遵守宪法和法律，保守国家秘密，爱护公共财产，遵守劳动纪律，遵守公共秩序，尊重社会公德。

15. 村民委员会是行政机关吗？

【案例】

新风村村民委员会除了主任外，只有两名委员，由于人手有限，村民委员会没有设立分管人民调解、治安保卫、公共卫生的专门委员会。某年9月，大学生肖某到新风村当驻村干部。在肖某的建议下，新风村村民委员会下设了几个专门委员会，分管人民调解、治安保卫、村内公共区域清洁卫生等工作，其中，人民调解委员会的作用最大，以前，村民发生矛盾无法解决，经常拳脚相向，有了人民调解委员会后，邻里纠纷得到及时处理，村民关系融洽了不少。社区治安也有很大改善，小偷小摸现象不见了。公共区域的卫生也有人及时清理，一些卫生死角得到了治理。新风村的面貌焕然一新。村民委员会是行政机关吗？

【法律分析】

宪法规定，城市和农村按居民居住地区设立的居民委员会或者村民委员会是基层群众性自治组织。居民委员会、村民委员会的主任、副主任和委员由居民选举产生。居民委员会、村民委员会设人民调解、治安保卫、公共卫生等委员会，办理本居住地区的公共事务和公益事业，调解民间纠纷，协助维护社会治安，并且向人民政府反映群众的意见、要求和提出建议。

本案中，新风村通过在村民委员会下设人民调解、治安保卫、公共卫生等专门委员会，及时解决村内事务，加强了基层群众性自治。

【法条链接】

《中华人民共和国宪法》第一百一十一条 城市和农村按居民居住地区设立的居民委员会或者村民委员会是基层群众性自治组织。居民委员会、村民委员会的主任、副主任和委员由居民选举。居民委员会、村民委员会同基层政权的相互关系由法律规定。

居民委员会、村民委员会设人民调解、治安保卫、公共卫生等委员会，办理本居住地区的公共事务和公益事业，调解民间纠纷，协助维护社会治安，并且向人民政府反映群众的意见、要求和提出建议。

16. 能用国徽或国徽相似图案设计注册商标吗？

【案例】

陈某很喜欢国徽的设计，某年3月，他创办了一家文化传播公司，在制作商标时，突发奇想：“能不能把国徽放在自己的商标上？”同年5月，陈某将自己设计的加了国徽元素的商标图案上报商标局。商标局审查后认为，文化传播公司提供的商标含有国徽图案，违反了商标法和国徽法的有关规定，不予通过。

【法律分析】

宪法规定，中华人民共和国国徽，中间是五星照耀下的天安门，周围是谷穗和齿轮。国徽是国家和民族的象征，只能在特定地点、场合使用。国徽法和商标法规定，同中华人民共和国的国家名称、国旗、国徽、国歌、军旗、军徽、军歌、勋章等相同或者近似的，以及同中央国家机关的名称、标志、所在地特定地点的名称或者标志性建筑物的名称、图形相同的，不得作为商标使用。本案中，陈某在商标上使用国徽图案，违反了法律规定，不予通过。

【法条链接】

《中华人民共和国宪法》第一百四十二条　中华人民共和国国徽，中间是五星照耀下的天安门，周围是谷穗和齿轮。

《中华人民共和国国徽法》第十三条 国徽及其图案不得用于：

（一）商标、授予专利权的外观设计、商业广告；

（二）日常用品、日常生活的陈设布置；

（三）私人庆吊活动；

（四）国务院办公厅规定不得使用国徽及其图案的其他场合。

《中华人民共和国商标法》第十条 下列标志不得作为商标使用：

（一）同中华人民共和国的国家名称、国旗、国徽、国歌、军旗、军徽、军歌、勋章等相同或者近似的，以及同中央国家机关的名称、标志、所在地特定地点的名称或者标志性建筑物的名称、图形相同的；

（二）同外国的国家名称、国旗、国徽、军旗等相同或者近似的，但经该国政府同意的除外；

（三）同政府间国际组织的名称、旗帜、徽记等相同或者近似的，但经该组织同意或者不易误导公众的除外；

（四）与表明实施控制、予以保证的官方标志、检验印记相同或者近似的，但经授权的除外；

（五）同“红十字”、“红新月”的名称、标志相同或者近似的；

（六）带有民族歧视性的；

（七）带有欺骗性，容易使公众对商品的质量等特点或者产地产生误认的；

（八）有害于社会主义道德风尚或者有其他不良影响的。

县级以上行政区划的地名或者公众知晓的外国地名，不得作为商标。但是，地名具有其他含义或者作为集体商标、证明商标组成部分的除外；已经注册的使用地名的商标继续有效。

民法典·总则编

条 条 与 生 活 息 息 相 关

1. 路见不平踢伤人要承担法律责任吗？

【案例】

李某约刚认识不久的周某出去吃饭，喝了点酒。饭后，李某送周某回她租住的公寓，借着酒意对周某动手动脚，被周某严词拒绝，两人在室内发生争吵，随后周某把李某推到门外。李某强行踹门而入，不但出言不逊，还动手殴打周某，引来邻居围观。楼上的赵某闻声下楼，上前制止，从背后用力拉拽李某。李某猝不及防，趔趄倒地。李某起身后出手要打赵某，还威胁说，要叫人弄死他们！赵某随即将李某推倒在地，朝李某腹部踩了一脚，抄起棍子还想教训一下这么蛮横的人，被周某劝阻。事后，李某因腹部横结肠轻微破裂住院治疗，并向赵某要求人身损害赔偿。

【法律分析】

民法典规定，因正当防卫造成损害的，不承担民事责任。本案中，李某强行踹门进入他人住宅，对周某谩骂、殴打，赵某为了制止其恶行，出手相助，拉拽李某。赵某的行为是为了制止不法侵害，符合正当防卫的起因条件、时间条件、对象条件和意图条件等要素，具有防卫性质。李某倒地后，并未完全被制服，仍然存在起身后继续实施不法侵害的现实可能性。此时，赵某朝李某腹部踩了一脚，其目的是阻止李某继续实施不法侵害，并没有泄愤报复等个人目的，不属于防卫过当，因此赵某对李某的损害后果不承担法律责任。

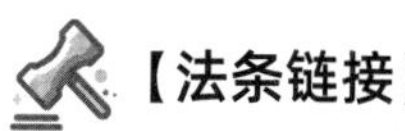

【法条链接】

《中华人民共和国民法典》第一百八十一条 因正当防卫造成损害的，不承担民事责任。

正当防卫超过必要的限度，造成不应有的损害的，正当防卫人应当承担适当的民事责任。

2. 借钱给朋友赌博不还，能告赢吗？

【案例】

张某和刘某同住一个小区，同在一家公司上班，两人因秉性合得来，成了非常要好的朋友。谁也没料到这么好的两人会因为一件事反目成仇，甚至闹到法庭。

某日，刘某闲来无事，与一帮朋友在一家私人麻将馆打麻将，由于手气不顺，一会儿就将所带的2000元输得所剩无几，为了捞回本钱，刘某张嘴找张某借了1万元。

张某在电话中问清情况后，随即在小区自助银行取了1万元，来到了麻将馆。“给你钱，不过别再赌了，赌博这事没谁能稳赢的。”张某还好心地提醒了刘某一句。

刘某向麻将馆要了纸笔，郑重地写了张借条，借条上写明会连本带息偿还。几个月过去了，刘某一直没还钱，张某也没催要过。年底，张某的父亲因心脏病突发住院，家中急需用钱。在妻子的催促下，张某几次找刘某索要欠款无果，遂一纸诉状，起诉到了法院。

【法律分析】

民法典第一条明确立法宗旨，规定保护对象仅限于民事主体的合法权益，非法权益不受法律保护。赌博涉嫌违法犯罪，属于非法活动，因非法活动形成的债权债务，法律不予保护。因此，张某试图通过诉讼要回借给刘某赌博的钱，是得不到法院支持的。法院经审理认为，刘某为赌博而借的1万元钱系赌资性质，应当收缴。刘某借款参赌，张某出资供赌，均属于违法行为，应当予以制裁。据此，法院依法驳回张某的诉讼请求，同时作出罚款刘某、张某各300元，并收缴其赌资1万元的决定。

【法条链接】

《中华人民共和国民法典》第一条　为了保护民事主体的合法权益，调整民事关系，维护社会和经济秩序，适应中国特色社会主义发展要求，弘扬社会主义核心价值观，根据宪法，制定本法。

《中华人民共和国民法典》第三条　民事主体的人身权利、财产权利以及其他合法权益受法律保护，任何组织或者个人不得侵犯。

3. 学生大额游戏充值能要求平台返还吗？

【案例】

父母离异后，十三岁的李某与祖父母一起生活。年初，考虑到李某上初一，家里没人辅导学习，爷爷特地托朋友买了台二手笔记本电脑，还给家里装了Wi-Fi。买电脑的时候爷爷特意嘱咐过，这是给李某用来查学习资料的，要上网，只能在作业做完后。

暑假时，李某迷上了网络游戏，刚开始他并不知道这款游戏要付费，但当界面上跳出绑定银行卡能够得到礼物时，他想也没想就把爷爷的银行卡绑定了，他曾替爷爷取过钱，记得密码。游戏玩着

玩着，李某越来越着迷，会毫不犹豫地根据游戏界面提示进行充值升级。他不记得第一次充了多少钱，也不知道自己总共充了多少次，三个月时间里，他竟将老人辛苦攒下的2万元“养老钱”消耗殆尽。李某为游戏充值花费的钱，还能要回来吗？

【法律分析】

十三岁的李某是限制民事行为能力人，未经其监护人同意，在游戏过程中支出与其年龄、智力不相适应的款项，监护人事后不予追认的，可以请求平台返还。家长主张返还充值额时，要证明游戏充值的实施人是限制民事行为能力的未成年人。为避免陷入维权困境，家长要有留存证据意识，注意保留用户注册信息、聊天记录、位置信息、充值信息、日常消费习惯等能够证明是孩子进行游戏充值的证据。

【法条链接】

《中华人民共和国民法典》第十九条 八周岁以上的未成年人为限制民事行为能力人，实施民事法律行为由其法定代理人代理或者经其法定代理人同意、追认；但是，可以独立实施纯获利益的民事法律行为或者与其年龄、智力相适应的民事法律行为。

4. 能以“不是本村人”为由，不分给土地补偿款吗？

【案例】

章某从小被离婚独居的姨妈收养，在张家村报了户口，上学长大，如今已成家生子。某国道建设征收张家村集体土地，给村里拨了土地补偿款，村民小组给每人分了10万元，但却以“不是本村人”为由，不给章某一家人分土地补偿款。这土地补偿款章某有份吗？

【法律分析】

根据民法典的规定，民事主体在民事活动中的法律地位一律平等，合法的财产权利受法律保护，任何组织或者个人不得侵犯。章某与姨妈形成收养关系，有本村户口，具有村民成员资格，有权参与分配。

【法条链接】

《中华人民共和国民法典》第三条 民事主体的人身权利、财产权利以及其他合法权益受法律保护，任何组织或者个人不得侵犯。

5. 身患重病是否有权自己确定监护人？

【案例】

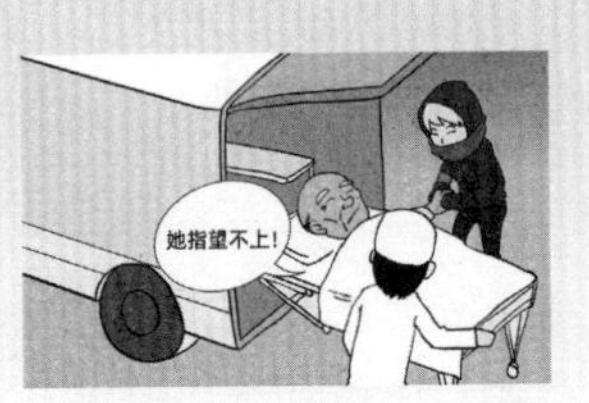

罗某与妻子余某结婚多年，但夫妻关系不融洽。罗某经检查得知自己身患重病，担心妻子余某到时虐待自己，侵吞自己的财产。罗某是否能与其信任的好朋友邓某约定在自己病情恶化、意识模糊后由邓某担任其监护人？

【法律分析】

罗某可以书面确定邓某为其监护人。罗某与邓某协商确定监护人的形式在法律上叫意定监护。成年人的意定监护解决了一些终身未婚未育、独居、空巢、身患重病的老年人在丧失行为能力时无人监护的困境，通过协议确定由意定监护人履行监护职责。

【法条链接】

《中华人民共和国民法典》第三十三条 具有完全民事行为能力的成年人，可以与其近亲属、其他愿意担任监护人的个人或者组织事先协

商，以书面形式确定自己的监护人，在自己丧失或者部分丧失民事行为能力时，由该监护人履行监护职责。

6. 为救落水儿童受伤能得到补偿吗？

【案例】

林某与明某是小学同学，寒假期间，他们两人到雷家湾老堰堤上玩耍。玩耍中，明某不慎跌入堰塘，林某捡起地上的树枝趴在堰塘边缘处对明某实施救助，结果也不幸滑落堰塘。就在两个孩子垂死挣扎之际，返乡探亲的现役军人郝某刚好路过，毫不犹豫地跳进堰塘，奋力将两个落水儿童救上岸。两个孩子幸免于难，郝某却因大量呛水，导致肺部严重积水，住院治疗了半个月，花去将近3万元的医疗费。郝某的父亲希望两个孩子的家长对此作出补偿，能得到法律支持吗？

【法律分析】

见义勇为、匡扶正义，自古便是中华民族的传统美德，是彰显社会正能量的善意之举。民法典新增的见义勇为免责条款，让我们内心笃定，见义勇为是具有文明共识的社会义举，善行善意应得到尊重和保护。民法典明确规定，因保护他人民事权益使自己受到损害的，由侵权人承担民事责任，同时规定了受益人给予适当补偿的情况，对于因自愿实施紧急救助行为造成受助人损害的，规定了救助人不承担民事责任。民法典有序分摊了侵权人、受益人的各方责任，对行善者责任豁免，让行善者的权利保障得以制度化、常态化。为见义勇为者保驾护航，让社会美德重新归位。郝某因救人受伤遭受损害，可以要求两个孩子的监护人给予适当补偿。当然，我们在倡导见义勇为的同时，必须注意实施救助行为要量力而行，尽量避免因盲目救助造成更大的损害。

【法条链接】

《中华人民共和国民法典》第一百八十三条 因保护他人民事权益使自己受到损害的，由侵权人承担民事责任，受益人可以给予适当补偿。没有侵权人、侵权人逃逸或者无力承担民事责任，受害人请求补偿的，受益人应当给予适当补偿。

《中华人民共和国民法典》第一百八十四条 因自愿实施紧急救助行为造成受助人损害的，救助人不承担民事责任。

7. 买古董看走眼能反悔吗？

【案例】

佛山南海有一位市民买回一柜子“古董”，花费500多万元，经鉴定全是现代仿品，而这些仿品的交易合同上，都刺眼地写着“不退不换”的字样。买古董看走眼能反悔吗？

【法律分析】

古玩市场的古董属于特殊商品，向来存在“买卖全凭眼力，真假各安天命”的行业交易惯例。卖方对商品的材质、年代等与质量相关的要素不作明确承诺，买方应当依赖自己掌握的知识和经验作出判断，达成交易。但是，卖方不得使用欺诈与虚假陈述的方法，误导买方。根据民法典的规定，处理民事纠纷，法律没有规定的，可以适用习惯，但是不得违背公序良俗。因此买古董看走眼，如果没有足够证据证明对方存在欺诈，很难反悔。

【法条链接】

《中华人民共和国民法典》第十条 处理民事纠纷，应当依照法律；

法律没有规定的，可以适用习惯，但是不得违背公序良俗。

8. 腹中胎儿有继承权吗？

【案例】

张某年轻时做服装批发生意，攒下了百万家产，老伴过世后，膝下有两个儿子。某年4月，二儿子因车祸死亡，他生前女友蔡某已怀孕三个多月。听闻噩耗，张某心脏病复发，经抢救无效死亡，未留下任何遗嘱。安葬完毕后，张某的大儿子背着蔡某将父亲遗留的存款独吞。蔡某得知后，遂提出其腹中胎儿亦应分得一份遗产。张某的大儿子认为，蔡某在张家“连名分都没有”，腹中胎儿不具有继承权。蔡某诉至法院，请求保护腹中胎儿的财产继承权。

【法律分析】

民法典对胎儿的利益实行预先保护，涉及遗产继承、接受赠与等胎儿利益保护的，胎儿视为具有民事权利能力。胎儿在母体里获取的这部分民事权利能力，以“娩出时为活体”为条件。二儿子因车祸死亡，即便他与蔡某双方还没最终确立婚姻关系，但蔡某腹中胎儿的权利，和婚生孩子一样，只要胎儿平安降生，且经过亲子鉴定是死者遗孤，就有权代位继承父亲应得的那部分遗产。

【法条链接】

《中华人民共和国民法典》第十六条 涉及遗产继承、接受赠与等胎儿利益保护的，胎儿视为具有民事权利能力。但是，胎儿娩出时为死体的，其民事权利能力自始不存在。

9. 父母的生老病死可以一概不管吗？

【案例】

张某膝下有两个儿子，从小溺爱小儿子，老了跟小儿子生活在一块儿，他多次对大儿子表示要把财产都留给小儿子，他的生老病死大儿子可以一概不管。过了七十岁，张某的身体每况愈下，年初因心脏冠状动脉硬化做手术，引发并发症长期住院，耗费大额医疗费，小儿子要求兄长一起分担，大儿子却拿老人说过的狠话断然回绝。大儿子对父亲的生老病死真的可以一概不管吗？

【法律分析】

民法典倡导树立优良家风，对于父母来说，手心手背都是肉，对待子女尽量要一碗水端平。父母可以通过立遗嘱的方式自主处分自有财产，但是子女继承财产与尽赡养义务在法律上是两码事。根据民法典的规定，成年子女对父母负有赡养、扶助和保护的义务。这些义务是法定的，与是否继承父母财产无关，不能单方面放弃，不会因为老人说过生老病死可以一概不管，子女就可以真的不管。

【法条链接】

《中华人民共和国民法典》第二十六条第二款 成年子女对父母负有赡养、扶助和保护的义务。

《中华人民共和国民法典》第一千零六十七条第二款 成年子女不履行赡养义务的，缺乏劳动能力或者生活困难的父母，有要求成年子女给付赡养费的权利。

10. 能立遗嘱把儿子托付给邻居照顾吗？

【案例】

王某中年丧偶，膝下有两个孩子，女儿远嫁他乡，精神失常的儿子留在身边。王某临终前立下遗嘱把儿子托付给邻居林某照顾，并以名下房产和10万元存款相赠。远嫁女回家奔丧时表示反对，希望自己来继承母亲财产，并照顾弟弟。王某临终前的托付有效吗？

【法律分析】

王某临终前的托付行为有效。被监护人的父母担任监护人的，可以通过遗嘱指定监护人，由其代理实施监护职责，包括保护被监护人的身体健康；照顾被监护人的生活；管理和保护被监护人的财产；对被监护人进行管理和教育；在被监护人合法权益受到侵害或者与人发生争议时，代理其进行诉讼。王某赠与邻居林某的财产是为了让儿子能够得到更好的照顾，并无不妥。

【法条链接】

《中华人民共和国民法典》第二十九条 被监护人的父母担任监护人的，可以通过遗嘱指定监护人。

11. 年迈父母不想被子女轮流养老怎么办？

【案例】

林某年过七十，身体每况愈下，自从老伴过世之后，儿女不放心让她自己住，提出轮流来赡养。林某两个儿子都已经成家立业，大儿子在城西落户上班，小儿子在城东开店营生。林某在两个儿子家里轮流养老，单月住城东，双月住城西，每到月末两家来往接送。外人瞧着这样公平合理，而林某却住得非常不自在。大儿媳妇性格强势，小儿媳妇生活随意，林某免不了瞧着眼色过着“寄居生活”，适应不同的家庭氛围。轮流养老两年下来，林某身心疲惫，希望就在小儿子家安定下来，怎么办才好？

【法律分析】

轮流照管父母晚年生活，在多子女家庭比较常见，但对年迈的父母来说，可能并不是最好的选择。人老了，身体不好，搬来搬去，都是折腾，还要费心跟每个家庭处好关系，子女之间也容易因轮流照顾父母产生矛盾。根据民法典的规定，依法具有监护资格的人之间可以协议确定监护人。子女可以在尊重老人真实意愿的情况下，协商确定一个固定监护人，签订监护协议，明确分工，让老人安享晚年。

【法条链接】

《中华人民共和国民法典》第三十条 依法具有监护资格的人之间可以协议确定监护人。协议确定监护人应当尊重被监护人的真实意愿。

12. 能将掌握的客户信息出售吗？

【案例】

张某从事快递工作多年，曾先后担任多个营业网点的收派员和仓库管理员。听说出售客户信息能赚大钱，他便偷偷将快递单拍照留

存并多次出售牟利，干起了出售客户信息的“无本买卖”。张某的行为违法吗？

【法律分析】

个人信息是指以电子或者其他方式记录的能够单独或者与其他信息结合识别特定自然人的各种信息，包括自然人的姓名、出生日期、身份证件号码、住址、电话号码等。自然人的个人信息受法律保护。任何组织或者个人需要获取他人个人信息的，应当依法取得并确保信息安全，不得非法收集、使用、加工、传输他人个人信息，不得非法买卖、提供或者公开他人个人信息。

张某违反法律规定，将在履行职务过程中获取的公民个人信息出售给他人牟利，应承担法律责任。如果张某出售个人信息情节严重，还将涉嫌侵犯公民个人信息罪，须依法承担刑事责任。

【法条链接】

《中华人民共和国民法典》第一百一十一条 自然人的个人信息受法律保护。任何组织或者个人需要获取他人个人信息的，应当依法取得并确保信息安全，不得非法收集、使用、加工、传输他人个人信息，不得非法买卖、提供或者公开他人个人信息。

13. 打骂孩子是家务事吗？

【案例】

杨某工作期间，同事宁某对她照顾有加，二人感情迅速升温，但当宁某知道她已是单身母亲后，逐渐对她冷淡疏远。感情不顺的杨某把气全撒在了自己的孩子杨小某身上，经常无故打骂杨小某。周末，杨某还时常把杨小某独自一人锁在家中，不管不顾，而自己则彻夜不归。社区居委会得知此事后找到杨某了解情况，杨某却认为自己的孩子怎么带、怎么管都是家务事，外人别多管闲事。打骂孩子是家务事吗？

【法律分析】

杨某对杨小某无故打骂的行为，如果达到了严重损害杨小某身心健康的程度，社区居委会有权提出申请撤销杨某监护人资格。不合格、不称职的父母，也是会被“解雇”的。如果父母被“解雇”后，除对被监护人故意犯罪的外，确有悔改表现的，经其申请，人民法院在尊重孩子的真实意愿的前提下，可视情况恢复其监护资格。

【法条链接】

《中华人民共和国民法典》第三十六条 监护人有下列情形之一的，人民法院根据有关个人或者组织的申请，撤销其监护人资格，安排必要的临时监护措施，并按照最有利于被监护人的原则依法指定监护人：

（一）实施严重损害被监护人身心健康的行为；

（二）怠于履行监护职责，或者无法履行监护职责且拒绝将监护职责部分或者全部委托给他人，导致被监护人处于危困状态；

（三）实施严重侵害被监护人合法权益的其他行为。

本条规定的有关个人、组织包括：其他依法具有监护资格的人，居民委员会、村民委员会、学校、医疗机构、妇女联合会、残疾人联合会、未成年人保护组织、依法设立的老年人组织、民政部门等。

前款规定的个人和民政部门以外的组织未及时向人民法院申请撤销监护人资格的，民政部门应当向人民法院申请。

14. 被撤销监护权，还要支付抚养费吗？

【案例】

明某与杨某结婚后，经常为各种生活琐事争吵。此后，他更是以应酬为借口，经常在外面喝酒，夜不归宿，夫妻之间的感情逐渐疏远。不久，杨某发现明某有婚外情，双方的冲突一下子达到了极点。分居一年多，两人协议离婚，明某以多支付财产补偿为代价获得了儿子明小某的直接抚养权。

明某做生意，经常天南海北地跑，无法陪伴孩子，更无法对他进行良好的教育。同时，因生意不顺，明某性格越来越暴躁，经常酒后殴打儿子明小某。明小某由于缺少大人的监管，经常逃学旷课，在网吧上网、打游戏，并结交社会不良青年。杨某得知儿子的状况后，非常担心儿子的健康成长，于是向法院起诉，要求撤销明某的监护权，并由自己直接抚养儿子。法院判决支持杨某的诉讼请求，气愤的明某以被剥夺监护权为由，拒不承担孩子的抚养费。两人多次协商无果后，杨某再次将明某起诉到法院，要求明某按期支付孩子的抚养费。法院会支持杨某的主张吗？

【法律分析】

法院会支持杨某的主张，在依法撤销明某的监护人资格后，明某仍应当继续承担儿子的抚养费。父母是未成年人的法定监护人，但如果不认真履行监护职责，甚至利用监护权侵犯被监护人的利益，经过有关人员或者单位的申请，可以撤销其监护人的资格，重新确定监护人。依法负担被监护人抚养费的父母，被依法撤销监护人资格后，还应当继续履行负担的义务。本案中，明某和明小某间存在血缘亲情关系，不会因明某与杨某离婚以及明某监护权的被撤销而消除，因此，明某应当承担儿子的抚养费。抚养费包括子女生活费、教育费、医疗费等费用，关于具体数额，双方可以根据当地的实际生活水平进行协商，如果无法达成一致，由法院裁定。

【法条链接】

《中华人民共和国民法典》第三十七条 依法负担被监护人抚养费、赡养费、扶养费的父母、子女、配偶等，被人民法院撤销监护人资格后，应当继续履行负担的义务。

15. 被胁迫低价卖房可以撤销吗？

【案例】

刘某欲将一套住房以 50 万元出售，范某找到刘某出价 40 万元，刘某拒绝。范某威胁刘某说：“我有你的隐私材料，不答应就公开。”刘某无奈将房屋卖给范某。事后，刘某能否请求人民法院予以撤销？

【法律分析】

刘某可以向人民法院主张撤销。民法典规定，一方或者第三人以胁迫手段，使对方在违背真实意思的情况下实施的民事法律行为，受胁迫方有权请求人民法院或者仲裁机构予以撤销。范某以公开刘某隐私相威

胁，迫使刘某低价出售房屋。该房屋买卖合同刘某有权自知道或者应当知道撤销事由之日起一年内主张撤销，过期不行使，撤销权消灭。

【法条链接】

《中华人民共和国民法典》第一百五十条 一方或者第三人以胁迫手段，使对方在违背真实意思的情况下实施的民事法律行为，受胁迫方有权请求人民法院或者仲裁机构予以撤销。

《中华人民共和国民法典》第一百五十二条 有下列情形之一的，撤销权消灭：

（一）当事人自知道或者应当知道撤销事由之日起一年内、重大误解的当事人自知道或者应当知道撤销事由之日起九十日内没有行使撤销权；

（二）当事人受胁迫，自胁迫行为终止之日起一年内没有行使撤销权；

（三）当事人知道撤销事由后明确表示或者以自己的行为表明放弃撤销权。

当事人自民事法律行为发生之日起五年内没有行使撤销权的，撤销权消灭。

16. 出生证明填错了能要求重新开吗?

【案例】

李某与丈夫协议离婚，五个月后她在医院产下一男婴。李某的住院登记、疾病证明书均未记载李某的配偶或新生儿父亲的信息。之后，李某为新生男婴申领《出生医学证明》时，在《出生医学证明首次签发登记表》上，将新生儿的“父亲”登记为好友张某，并填写了张某的身份信息。医院据此签发了《出生医学证明》，载明新生儿的“父亲”为张某。

因张某与新生儿没有任何血缘关系，无法为新生儿办理户口登记，李某遂以《出生医学证明》中“父亲及新生儿姓名信息登记有误”为由，请求医院重新开具《出生医学证明》。医院认为，根据李某自己提供的登记表开具的《出生医学证明》，符合相关法律规范，李某申请重新开具应当提供亲子鉴定报告。李某遂将医院诉至法院，请求判令撤销旧的《出生医学证明》，重新开具。

【法律分析】

民法典规定，自然人从出生时起到死亡时止，具有民事权利能力，依法享有民事权利，承担民事义务。人的出生时间以出生证明记载的时间为准。出生证明是“人生第一证”，对每个孩子来说都至关重要，涉及出生时间、亲子关系和户籍登记等重要的权利和义务，更是适龄儿童的入学凭证。

法院审理认为，李某在被告医院住院分娩，医院的合同义务除了提供医疗服务外，还包括为新生儿签发《出生医学证明》。医院除了提供医疗服务外，还应参照相关规范性文件规定，履行签发《出生医学证明》义务。本案中，李某的资料均未记载其配偶或新生儿父亲的信息，医院亦未提交证据证明新生儿的出生医学记录中登记的父亲信息与李某填写的《出生医学证明首次签发登记表》中的父亲信息相符。因此，医院并未严格按照程序签发《出生医学证明》，存在履职疏忽，应及时收回原件，换发《出生医学证明》。

【法条链接】

《中华人民共和国民法典》第十三条 自然人从出生时起到死亡时止，具有民事权利能力，依法享有民事权利，承担民事义务。

《中华人民共和国民法典》第十五条 自然人的出生时间和死亡时间，以出生证明、死亡证明记载的时间为准；没有出生证明、死亡证明的，

以户籍登记或者其他有效身份登记记载的时间为准。有其他证据足以推翻以上记载时间的，以该证据证明的时间为准。

17. 抢路人自行车逃离险境，弄坏了要赔偿吗？

【案例】

集市里，吴某与袁某因为买卖商品起了争执，吵嘴落下风的吴某抄起铁棒欲殴打袁某，紧急之下，袁某抢过路人梅某手里的自行车仓皇逃走，自行车在逃跑过程中被撞坏，袁某将自行车丢弃在路边后离去。对于自行车被撞坏的损失，梅某应当找谁赔偿？

【法律分析】

袁某的行为属于紧急避险，损坏自行车的损失应当由吴某承担。紧急避险是指为了使国家、公共利益、本人或者他人的人身、财产和其他权利免受正在发生的危险，不得已采取损害另一方较小合法利益，以保护较大合法权益的行为。袁某紧急情况下对梅某造成财产损害，应当由引起险情的吴某承担赔偿责任。需要说明的是，若危险是由自然原因引起的，紧急避险人不承担民事责任，可以给予适当补偿。若紧急避险采取措施不当或者超过必要的限度，造成不应有的损害的，紧急避险人应当承担适当的民事责任。

【法条链接】

《中华人民共和国民法典》第一百八十二条 因紧急避险造成损害的，由引起险情发生的人承担民事责任。

危险由自然原因引起的，紧急避险人不承担民事责任，可以给予适当补偿。

紧急避险采取措施不当或者超过必要的限度，造成不应有的损害的，紧急避险人应当承担适当的民事责任。

18. 为躲债玩失踪，会有什么后果？

【案例】

王某约朋友贺某一起去云南合伙开服装店，两人协商后，双方分别出资3万元，由王某负责店面选址、装修。贺某将3万元交给王某后，对方却迟迟不提合伙开店的事。贺某等了几个月见开店无望，要求王某退还之前交付的3万元，王某却说钱已花了，没钱还给贺某。无奈之下，贺某只好要求王某先打欠条。之后，贺某又多次向王某讨要欠款无果，经打听王某用同样的招数骗了不少人，为了躲债，此后多年一直杳无音信。王某为躲债玩失踪，会有什么后果？

【法律分析】

为躲债玩失踪，不是好办法，可能会“被失踪”，甚至“被死亡”。民法典规定了宣告失踪、宣告死亡制度，就是为了结束下落不明者的财产无人管理、义务不能及时履行的非正常状态。一般情况下，债务人下落不明满两年的，债权人可以向人民法院申请宣告其失踪；下落不明满四年的，债权人可以向人民法院申请宣告其死亡。债务人被宣告失踪后，经判决确认债务事实存在，就能直接执行失踪人留下的财产。如果被宣告死亡那就更糟糕了，会被注销户口信息，被宣告死亡人的婚姻关系，自死亡宣告之日起消除。

【法条链接】

《中华人民共和国民法典》第四十条 自然人下落不明满二年的，利害关系人可以向人民法院申请宣告该自然人为失踪人。

《中华人民共和国民法典》第四十二条 失踪人的财产由其配偶、成年子女、父母或者其他愿意担任财产代管人的人代管。

代管有争议，没有前款规定的人，或者前款规定的人无代管能力的，由人民法院指定的人代管。

19. 宣告死亡的人“复活”，婚姻关系还能恢复吗？

【案例】

黄某于四年前突然失踪，经多方查找，依旧下落不明，妻子费某依法向人民法院申请宣告其死亡，后回娘家居住，一直未再嫁人。突然有一天黄某回到村里，并来到费某娘家找费某跟他回家，被费某拒绝。黄某认为费某依然是自己的合法妻子，而费某则认为黄某被宣告死亡后两人的夫妻关系已不存在了，不同意跟黄某回去。那么黄某与费某的婚姻关系还能恢复吗？

【法律分析】

被宣告死亡的人重新出现，可以申请撤销死亡宣告，至于婚姻关系是否自行恢复的问题，根据民法典的规定，要区分不同的情况：（1）配偶没有再婚的，原来的婚姻关系可以自行恢复，不必再进行结婚登记；（2）配偶没有再婚，但也不愿意再共同生活的，可以向婚姻登记机关书面声明不愿意恢复婚姻关系，则不会自行恢复夫妻关系；（3）配偶已经再婚的，不管是已离婚还是丧偶，都不能自动恢复原来的婚姻关系。费某要是不愿意与黄某恢复婚姻关系，可以向婚姻登记机关书面声明。

【法条链接】

《中华人民共和国民法典》第五十一条　被宣告死亡的人的婚姻关系，自死亡宣告之日起消除。死亡宣告被撤销的，婚姻关系自撤销死亡宣告之日起自行恢复。但是，其配偶再婚或者向婚姻登记机关书面声明不愿意恢复的除外。

20. 救助他人导致其受伤需要赔偿吗？

【案例】

侯某在回乡行程中，路过一条小河，碰巧遇见一名小孩溺水，便毫不犹豫地跳入水中进行施救，但在救助过程中不慎导致被救小孩腿部局部挫伤，侯某是否需要赔偿？

【法律分析】

侯某不需要赔偿。民法典规定，因自愿实施紧急救助行为造成受助人损害的，救助人不承担民事责任。紧急救助行为的构成要件主要包括三个方面：一是救助人的紧急救助行为基于自愿，即见义勇为、助人为乐的行为；二是救助发生在紧急情势之下，即受助人处于紧急情况需要获得立即救助；三是受助人所受损害与紧急救助行为之间具有因果关系。如果损害的发生是因紧急救助之前或之后的救助人行为造成的，则不能适用该条法律规定予以免责。

【法条链接】

《中华人民共和国民法典》第一百八十四条　因自愿实施紧急救助行为造成受助人损害的，救助人不承担民事责任。

21. 小时候遭性侵长大后还能追诉吗？

【案例】

林某十三岁时被性侵，由于当时年幼无知，没有选择起诉要求赔偿。林某在年满二十周岁时想起诉要求赔偿，是否超过了诉讼时效？

【法律分析】

林某的赔偿请求没有超过诉讼时效。根据民法典规定，未成年人遭受性侵害的损害赔偿请求权的诉讼时效期间，自受害人年满十八周岁之日起计算，为期三年。

现实中，许多遭受性侵害的未成年人，有的因年幼受到侵害却不自知；有的因对方是亲戚、师长，不敢、不便或羞于求助；有的因家人受社会传统观念影响而有所顾忌。这些家长从未成年人的名誉、声誉和健康成长等现实角度考虑，不愿或不敢公开起诉索赔，而没有能力进行自我保护的未成年人，只能选择承受那份“难言的痛”。等他们成年后愿意或敢于寻求法律保护时，却往往被告知诉讼时效期间已届满，而遭遇维权无门的困境。

民法典将未成年人遭受性侵害的诉讼时效起算点推到受害人年满十八周岁后，意味着那些有过不幸遭遇的孩子，成年后依然可以拿起法律武器，让坏人付出代价，接受惩罚！因此，林某成年后，满三年的时间范围内，都可以起诉索赔，且如果存在法定的中止、中断事由，“截止时间”还可以延后。

【法条链接】

《中华人民共和国民法典》第一百九十一条 未成年人遭受性侵

害的损害赔偿请求权的诉讼时效期间，自受害人年满十八周岁之日起计算。

22. 劝架被误伤，谁来承担赔偿责任？

【案例】

某日晚10点，从公园锻炼回来的金某路过一家小店门口时，看到一对青年男女在激烈争吵并互相拉扯，经打听，得知是一对小夫妻因家庭纠纷在吵架。见两人吵得比较凶，金某就上前好言劝解。两人不但不予理睬，还越吵越激烈，就在丈夫拉扯妻子的过程中，因用力过猛，将站在一旁的金某撞倒在地难以起身。围观群众立即拨打120，金某被送往附近医院，被诊断为腰椎骨折。经司法鉴定，金某的伤情构成十级伤残。金某索赔被拒，将青年夫妻起诉至法院。

【法律分析】

本案由夫妻俩因家庭琐事争吵引发，他们在公共场合争吵不休，并互相拉扯推搡。热心的金某对双方进行劝解，是善意维护公序良俗的正当行为。然而，在金某试图劝架的过程中，夫妻俩均未保持冷静克制，反而继续争执拉扯误伤金某，存在过错，应当承担赔偿责任。

【法条链接】

《中华人民共和国民法典》第一百二十条 民事权益受到侵害的，被侵权人有权请求侵权人承担侵权责任。

民法典·物权编

保护公民合法财产权

1. 登记在五岁儿子名下的房产算谁的?

【案例】

张某与刘某登记结婚的次年生下儿子张小某。为了便于孩子上学，夫妻俩在工作所在地全款购买了一套总价100多万元的房产，并将张小某户口迁至房产名下，还办理了所有权人为张小某的房产证。

多年后，张某与刘某夫妻感情破裂，张某诉至法院要求离婚，并主张分割张小某名下的房产。刘某提出反驳，表示此房产是夫妻俩赠与儿子张小某的财产，不能分割。

【法律分析】

父母共同出资将房屋登记给未成年子女，一般来说，应视为对子女的财产赠与。该房屋经过办理登记即为实际交付，赠与关系成立，张小某就是该房的权利人了。张小某尚未成年，该财产可以由监护人代为管理。如果张小某的父母是为了规避债务风险，才把房屋登记在儿子名下，则不存在赠与的意思表示，那么这套房产的真实权利人并非张小某，而是实际出资人张小某的父母。本案中，产权登记为张小某的房屋属于其个人财产，在离婚时不能认定为夫妻共同财产，不能进行分割。

【法条链接】

《中华人民共和国民法典》第二百一十六条 不动产登记簿是物权归属和内容的根据。

不动产登记簿由登记机构管理。

《最高人民法院关于适用〈中华人民共和国民法典〉物权编的解释（一）》第一条 因不动产物权的归属，以及作为不动产物权登记基础的买卖、赠与、抵押等产生争议，当事人提起民事诉讼的，应当依法受理。当事人已经在行政诉讼中申请一并解决上述民事争议，且人民法院一并审理的除外。

2. 能公开房东的不动产登记信息吗？

【案例】

李某毕业后准备在公司附近租一套房，为了查明房屋的真实状况，李某与房东签订租房合同时查阅并复制了该不动产登记信息。租房合同到期后，房东想收回房屋另租给朋友，李某则以公开房东不动产登记信息相威胁要求续租房屋。李某的做法是否合法？

【法律分析】

民法典明确规定，权利人、利害关系人可以申请查询、复制登记资料，登记机构应当提供。然而，不动产资料中包含着诸多涉及不动产所有权人隐私的个人资料，如所有权人的身份证复印件、不动产的具体地址、面积等，利害关系人如果非法利用这些资料，将会损害不动产权利人的利益。因此，民法典新增了利害关系人不得公开、非法使用权利人的不动产登记资料的规定，以保护不动产权利人。因此，李某以公开房东不动产登记信息相威胁要求续租房屋的行为违法。

【法条链接】

《中华人民共和国民法典》第二百一十八条 权利人、利害关系人可以申请查询、复制不动产登记资料，登记机构应当提供。

《中华人民共和国民法典》第二百一十九条 利害关系人不得公开、非法使用权利人的不动产登记资料。

3. 为结婚买房，婚没结成房产怎么分割？

【案例】

廖某和王某恋爱三年，准备结婚，商议在单位附近买一套房子。廖某筹措了首付款，王某负担装修费用。廖某在办理不动产权证时，将房屋的权利人写在两人名下。后来两人因感情不和闹分手，王某要求分割房产，廖某不同意，起诉至法院。这房产该怎么分割？

【法律分析】

恋爱期间，男女双方为了结婚或同居而购置房产，男方为了表达对女方的爱慕或出于女方要求，把房屋产权登记在两人名下。在恋爱关系破裂，婚没结成的情况下，房产分割也就成为最大的争议焦点。我国不动产物权以登记为准，如果房产证上登记有男女双方的名字，则双方在该房屋所有权上就是共有关系。

民法典规定，共同共有人在共有基础丧失或者有重大理由需要分割时可以请求分割。廖某和王某原系恋爱关系，为结婚而共同购买房子，现双方恋爱关系终止，房产共有的基础已不存在，王某要求分割双方共同共有的房产，于法有据，应予准许。在具体分割上，按照双方对房屋贡献的大小等因素，确定各自份额，并考虑适当照顾共有人生产、生活的实际需要等情况，确定房屋的所有权归属为一方所有，并由一方给予对方相应的补偿。

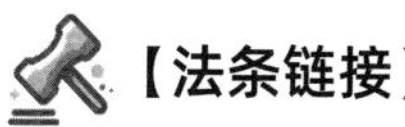

【法条链接】

《中华人民共和国民法典》第三百零三条 共有人约定不得分割共有的不动产或者动产，以维持共有关系的，应当按照约定，但是共有人有重大理由需要分割的，可以请求分割；没有约定或者约定不明确的，按份共有人可以随时请求分割，共同共有人在共有的基础丧失或者有重大理由需要分割时可以请求分割。因分割造成其他共有人损害的，应当给予赔偿。

4. 电梯广告收入归谁所有？

【案例】

某小区的电梯内安装了媒体机，播放大量广告，商家累计支付给物业公司20余万元。小区业主委员会认为，物业公司擅自利用业主共有的电梯经营广告，应当将广告收入归还业主。物业公司则称，由于小区公共设施出现老化现象，需要经常维修，而小区公共维修基金不足以支付维修费用，电梯广告收入已被用于补贴公共维修资金。

【法律分析】

民法典明确规定了利用业主的共有部分产生的收入属于业主共有，建设单位、物业服务企业或者其他管理人等只能获得合理成本。建筑物及其附属设施的维修资金的筹集、使用情况应当定期公布。物业公司若无法证明该收益已用于补充公共维修基金或小区公共设施设备重大维修的，则仍然需要向业主支付扣除合理成本后的电梯广告收入。民法典这一规定更好地保护了业主的共有权，为保证小区管理公正、透明，建设单位、物业服务企业或者其他管理人等利用业主共有部分产生的收益情况，最好定期向业主公布。

【法条链接】

《中华人民共和国民法典》第二百八十二条 建设单位、物业服务企业或者其他管理人等利用业主的共有部分产生的收入，在扣除合理成本之后，属于业主共有。

5. 买的房子有人住还赶不走怎么办？

【案例】

黄某买了一套二手房，当他交完钱办了过户手续后，原来住在这所房子里的女人夏某，却还是不肯搬走。夏某说，房子本是他和前夫的共同财产，离婚时，他和前夫达成协议，房屋产权归前夫，她要房子三十年的居住权，并就此签订了书面合同，进行了居住权登记。虽然房子是她前夫的，但是她有三十年的居住权。三十年之内，她可以一直居住在房子里，任何人不能赶她走。听完女人的话，黄某当场就懵了，难道自己买的房子，自己还不能住了吗？

【法律分析】

民法典规定，居住权人有权按照合同约定，对他人的住宅享有占有、使用的用益物权，以满足生活居住的需要。本案中，夏某已经办了房子的居住权，她就有权居住，直到三十年期满。夏某没有房子的所有权，所以她不能左右前夫卖不卖房，但是不管卖与不卖，她都有合法居住权。

所以，我们在买二手房时，千万要调查清楚，该房屋是否办理过居住权，要不然自己花钱买的房子，却不能正常居住，也不能正常出租获取收益，那就亏大了。

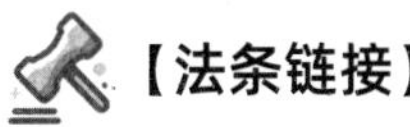

《中华人民共和国民法典》第三百六十六条　居住权人有权按照合同约定，对他人的住宅享有占有、使用的用益物权，以满足生活居住的需要。

6. 占用他人购房资格买的房子算谁的?

【案例】

李某甲在单位认购了一套集资房，因无力支付购房款，同意侄女李某乙借用其名额购买。当时，李某乙是为了儿子以后入学需要才购置的。基于亲戚之间的信任，李某乙将首付款交给姑姑李某甲时并没有让她写收条，双方也没有订立借名买房协议。在按揭贷款还清前，李某乙一直每月按时将按揭贷款金额存入李某甲的还款账户内。

等到儿子要上学了，李某乙准备去办理房屋过户手续时，却发现房子已被卖给了他人，姑侄俩因此发生纠纷，李某乙随后诉诸法院。

庭审中，李某甲对借名买房一事矢口否认，表示该房屋系其出资购买，有相关购房票据为证，且房产证所有权登记人是她，故其有权处置该房产，并坚持认为姑侄双方虽然有资金往来，但和出资购买房屋无关，仅为日常借贷且已还清。这个房子到底算谁的?

【法律分析】

民法典明确规定，对设立不动产物权的合同，未办理物权登记的，不影响合同效力。最高人民法院关于“借名买房”的裁判规则明确了两点：

第一，对于亲属之间约定的借名买房协议，可通过购房票据、实际使用或控制房屋等客观情况来认定。

第二，“借名买房”情形下真正购买人所举出的间接证据能够形成完整的证据链条证明其系真实购房人的，应当确认其系真正的房屋产权人。

虽然李某甲与李某乙之间没有订立借名买房的协议，但李某乙提供了与李某甲多次协商过程的谈话以及与李某甲单位领导三方协商此事的电话录音。在录音中，李某甲均未对李某乙主张其是房屋实际所有权人提出异议，且对李某乙金钱补偿的方案表示愿意协商等，这些证据足以证实双方实际存在借名买房的合意。同时，李某甲对每月收取的款项用途无法作出合理解释，又无反驳证据。法院综合考虑双方的证据，判决确认李某乙为该房屋所有人，李某甲将“自己名下”本属于李某乙的房子出售，侵犯了李某乙的合法权益，应赔偿损失。

【法条链接】

《中华人民共和国民法典》第二百一十五条　当事人之间订立有关设立、变更、转让和消灭不动产物权的合同，除法律另有规定或者当事人另有约定外，自合同成立时生效；未办理物权登记的，不影响合同效力。

7. 建设用地使用权到期后怎么办?

【案例】

杨某准备在市区买房，特别中意一套二手房的地理位置，看

房当天即决定购买。过户时，杨某得知住宅建设用地使用权只有七十年，而其购买的二手房已经居住了三十年。四十年后，杨某所购房屋的住宅建设用地使用权是否会消灭？

【法律分析】

杨某所购房屋的住宅建设用地使用权到期后自动续期。住宅建设用地使用权的续期不需要当事人向相关政府部门申请、批准，就可以自动延长。期满后续期费用的缴纳或者减免，目前民法典没有明确规定，具体的政策要关注后期的法律规定及国家相关政策。

【法条链接】

《中华人民共和国民法典》第三百五十九条 住宅建设用地使用权期限届满的，自动续期。续期费用的缴纳或者减免，依照法律、行政法规的规定办理。

非住宅建设用地使用权期限届满后的续期，依照法律规定办理。该土地上的房屋以及其他不动产的归属，有约定的，按照约定；没有约定或者约定不明确的，依照法律、行政法规的规定办理。

8. 邻居家院墙要倒了，有权要求对方及时维修吗？

【案例】

张某在城里买了一套商品房，举家迁往城里居住，在乡下的老宅因年久失修，靠近邻居李某家的一侧院墙已经开始倾斜，随时有倒塌的风险。眼看着雨季就要到来，李某担心张某家的院墙倒塌殃及自家宅院。他是否有权要求张某及时修补院墙？

【法律分析】

张某家的院墙年久失修，已成危墙，随时可能发生倒塌，危及邻居的人身和财产安全。邻居李某有权请求张某及时修补院墙，消除安全隐患。若张某置若罔闻，导致损害后果，将承担赔偿责任。

【法条链接】

《中华人民共和国民法典》第二百三十六条 妨害物权或者可能妨害物权的，权利人可以请求排除妨害或者消除危险。

9. 买房不及时过户会有什么风险？

【案例】

张某硕士毕业进入武汉一家科研所，家里赞助他买了套二手房，准备年底结婚，当时交易价为每平方米9000元，他看中了就直接签了合同，一次性全款支付。付完钱后，房主就把钥匙给了他，然后张某就搬进去住了。

事后，房主却以各种借口和理由不去办理过户手续，不是出差，就是出国，反正就是各种忙。张某刚毕业没什么社会经验，觉得自己有合同、有付款凭证，买房子的事已经是“板上钉钉”，也就没太在意。拖了近一年，后来房价飙涨，房主又把房子卖给了另一个人，并且办理了房屋过户登记手续。随后那个人拿着房产证来要求张某尽快腾房子，张某欲哭无泪。

【法律分析】

房屋是不动产，根据民法典规定，不动产物权的设立、变更、转让和消灭须经过登记才发生效力，因此只签订房屋买卖合同的当事人不能取得房屋的所有权。张某买的房子没有办理不动产登记，房屋的所有权未发生转移，房子还是房主的。如果房主将房屋再卖给不知情的人并办理过户登记，张某买的房子就落了空。但是，未办理物权登记的，不影响合同效力。张某可以通过合同的违约责任或侵权责任，要求返还购房款，赔偿损失。

【法条链接】

《中华人民共和国民法典》第二百零九条 不动产物权的设立、变更、转让和消灭，经依法登记，发生效力；未经登记，不发生效力，但是法律另有规定的除外。

依法属于国家所有的自然资源，所有权可以不登记。

《中华人民共和国民法典》第二百一十五条 当事人之间订立有关设立、变更、转让和消灭不动产物权的合同，除法律另有规定或者当事人另有约定外，自合同成立时生效；未办理物权登记的，不影响合同效力。

10. 如何防止开发商"一房二卖"？

【案例】

现实生活中，"一房二卖"现象屡有发生，尤其是在期房买卖交易中，开发商将期房卖给消费者后，为了获取更高利润，在签了房屋买卖合同后又把房子卖给其他出价更高的人，对于这种损害购房者利益的行为，实践中如何预防？

【法律分析】

民法典规定了房屋预告登记制度。即购房人与开发商订立预售合同后

申请预告登记。预告登记具有排他的效力，预告登记后，没有经过购房人同意，开发商销售房子的行为无效。

【法条链接】

《中华人民共和国民法典》第二百二十一条 当事人签订买卖房屋的协议或者签订其他不动产物权的协议，为保障将来实现物权，按照约定可以向登记机构申请预告登记。预告登记后，未经预告登记的权利人同意，处分该不动产的，不发生物权效力。

预告登记后，债权消灭或者自能够进行不动产登记之日起九十日内未申请登记的，预告登记失效。

《最高人民法院关于适用〈中华人民共和国民法典〉物权编的解释（一）》第四条 未经预告登记的权利人同意，转让不动产所有权等物权，或者设立建设用地使用权、居住权、地役权、抵押权等其他物权的，应当依照民法典第二百二十一条第一款的规定，认定其不发生物权效力。

11. 设立居住权的房屋是否有权再租赁？

【案例】

张某有两套房子，便与照看自己五年的保姆签订了其中一套房子的居住权合同，约定保姆对那套房子享有为期十年的居住权，并且进行了登记。两年后张某投资失败，身无分文，他能够出租设立居住权的那套房子吗？

【法律分析】

在双方无另外约定的情况下，张某不得出租。民法典第三百六十六条至第三百七十一条新增了居住权的相关规定，明确了居住权合同订立的要求以及权利义务。居住权人有权按照合同约定，对他人的住宅享有占有、

使用的用益物权，以满足生活居住的需要。居住权增设的目的，就是要凸显房屋的居住属性，保障居住权人，尤其是老年人等弱势群体有房可住。值得注意的是，民法典物权编规定居住权为登记设立，也就是说只有登记机关记录在册、予以载明的居住权才能合法成立，受法律保护。

【法条链接】

《中华人民共和国民法典》第三百六十九条 居住权不得转让、继承。设立居住权的住宅不得出租，但是当事人另有约定的除外。

12. 可以擅自将住宅改为公寓对外经营吗？

【案例】

张某买了某小区1301号套房，该房屋规划用途为住宅。吴某与张某系同一单元上下楼层邻居。吴某在取得1401号房所有权后，未经有关部门审批及相邻业主同意，将该房屋改造为五间独立单间，并以“旅馆式”公寓形式对外经营。自张某获悉吴某的改造经营行为后，多次明确表示反对，吴某置之不理，张某遂将吴某起诉至法院。

【法律分析】

吴某将住宅改为经营性用房，会对周围邻居生活造成影响，特别是旅馆、棋牌室、餐厅、工作室等，一是形成噪声污染，二是住宅改为经营性用房后，必然会有更多的人员出入房屋和小区，会对周围邻居的安全及住宅私密性造成影响。因此，必须经有利害关系的业主一致同意。

【法条链接】

《中华人民共和国民法典》第二百七十九条　业主不得违反法律、法规以及管理规约，将住宅改变为经营性用房。业主将住宅改变为经营性用房的，除遵守法律、法规以及管理规约外，应当经有利害关系的业主一致同意。

13. 房屋被征用为受灾临时安置点，可以申请补偿吗？

【案例】

受强降雨突袭，某县部分乡镇出现严重灾情，造成大面积村庄被淹，道路、通信阻断，尤其是河流沿岸村庄受灾严重。灾情就是命令。该县立即组织抢险救援人员深入各受灾区域，及时解救转移被困群众。张某开办的大型健身场馆也被紧急征用，为受灾群众搭建了一个临时之家。张某可以要求补偿吗？

【法律分析】

对于房屋的征收征用，国家有着系统的程序和补偿措施。民法典对此也作出规定，因抢险救灾、疫情防控等紧急需要，依照法律规定的权限和程序可以征用组织、个人的不动产或者动产。被征用的不动产或者动产使用后，应当返还被征用人。不动产或者动产被征用或者征用后毁损、灭失的，应当给予补偿。本案中，张某的健身馆被征用为受灾临时安置点，若健身馆及馆内财产受到损坏，可以要求补偿。

【法条链接】

《中华人民共和国民法典》第二百四十五条　因抢险救灾、疫情防控等紧急需要，依照法律规定的权限和程序可以征用组织、个人的不动产

或者动产。被征用的不动产或者动产使用后，应当返还被征用人。组织、个人的不动产或者动产被征用或者征用后毁损、灭失的，应当给予补偿。

14. 村民有权要求村民委员会公开村集体财务账目吗？

【案例】

村民委员会实行村务公开制度。随着农村改革不断推进，各村根据实际情况会有政府的财政拨付、接受社会捐赠的救灾救助、补贴补助等资金、物资。村民作为村集体成员，有权要求村民委员会公开村集体财务账目吗？

【法律分析】

村民有权要求村民委员会公开村里的收支情况明细，这是法律赋予每一位村民的权利。即使村民不主动要求公开，农村集体经济组织或者村民委员会、村民小组也应当依照法律、行政法规以及章程、村规民约向本集体成员公布集体财产的状况。

【法条链接】

《中华人民共和国民法典》第二百六十四条 农村集体经济组织或者村民委员会、村民小组应当依照法律、行政法规以及章程、村规民约向本集体成员公布集体财产的状况。集体成员有权查阅、复制相关资料。

15. 一楼住户要不要交电梯费呢？

【案例】

住宅电梯是楼房配套设施，需要交纳费用，包括电梯维保费、电费、年检费等，一般是由业主分摊。某小区一楼业主因一直不肯交电梯费与物业公司发生纠纷，其中某业主表示，他从入住小区以来就没有交过电梯费用，他说："我住在一楼，从来都不会用电梯，我为什么要交电梯费呢？并且地下一层的电梯通往停车场，我也没有车，从来没有使用过电梯，让我每个月交钱我觉得不公平。"业主主张电梯应该是"谁使用谁付费"，这种想法对吗？

【法律分析】

大部分在售楼盘对于电梯的维修保养都是采用统一的收费标准，对整栋住宅业主分摊收费。民法典规定，业主对建筑物专有部分以外的共有部分，享有权利，承担义务；不得以放弃权利为由不履行义务。因此，电梯是全体业主的共有财产，业主对其享有权利的同时也要承担相应的义务。电梯作为公共设施，它的正常运行必然需要日常维护和保养，由此产生的电梯维护费和电梯用电费，理应由全体业主分摊。一楼的住户虽然很少使用电梯，但是这并不影响其对分摊电梯费义务的承担。当然，也有人建议出于公平考虑，住宅区在建成后采用分层收费模式，具体到电梯这方面，低楼层住户在日常电梯维修保养这部分费用应得到相对合理的减免。

【法条链接】

《中华人民共和国民法典》第二百七十三条　业主对建筑物专有部分以外的共有部分，享有权利，承担义务；不得以放弃权利为由不履行义务。

业主转让建筑物内的住宅、经营性用房，其对共有部分享有的共有和共同管理的权利一并转让。

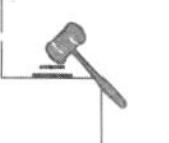

16. 物业有权把小区草坪绿地改建为停车位吗？

【案例】

徐某是某小区业主。随着业主车辆的增加，小区内的停车位越来越紧张。因此，物业擅自将小区内的一块绿化草坪破坏掉，浇灌水泥，改建为停车位，导致小区绿化环境遭到破坏。物业有权把小区草坪绿地改建为停车位吗？

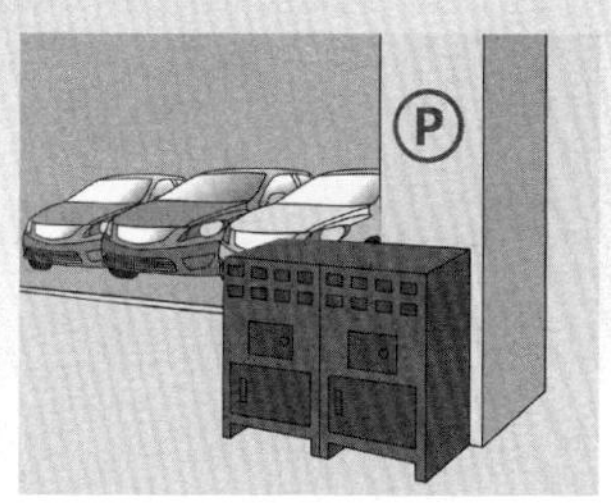

【法律分析】

将小区建筑区划内的草坪绿地改为停车位属于应当由业主共同决定的重大事项，物业无权擅自进行改建。小区绿化作为公共配套设施，其规划和布局是经过规划部门审批的，擅自改变用途属于破坏规划行为。根据民法典的规定，建筑区划内的绿地，属于业主共有，但是属于城镇公共绿地或者明示属于个人的除外。因此，除该条款规定的特殊情况外，小区内的道路、绿地和商品房楼顶、外墙、楼梯、楼道一样，属于全体业主的共有财产，任何人不得占用。对于业主共有的部分，如果要改变用途，应当先征得业主大会或业主委员会的同意，并且必须取得相关主管部门审批。

【法条链接】

《中华人民共和国民法典》第二百七十四条 建筑区划内的道路，属于业主共有，但是属于城镇公共道路的除外。建筑区划内的绿地，属于业主共有，但是属于城镇公共绿地或者明示属于个人的除外。建筑区划内的其他公共场所、公用设施和物业服务用房，属于业主共有。

17. 房屋空置拒交物业费合法吗？

【案例】

某年5月，杨某在某小区购买了一套住宅，并签订小区《物业服务协议》。此后，由于杨某一直未交纳物业费，物业公司多次致电催交。但杨某却说，自己的房屋在交付后一直处于闲置状态，既未对房屋进行装修，也未居住或使用，根本未享受过物业公司提供的任何服务，所以不应支付物业费和违约金。物业公司遂将杨某起诉至人民法院，要求杨某支付物业费，并承担近千元的违约金。房屋空置拒交物业费合法吗？

【法律分析】

物业服务具有公众性，旨在满足公共性服务的同时，达到对整个居住环境品质的提升，最终体现在对业主个体的服务价值。物业管理费的构成包括保洁费、保安费、绿化费等，大部分为全体业主公共部分的管理、共用设备设施维护费用，并非针对专门某个业主的服务。虽然房屋空置，但小区卫生仍需天天清洁打扫，公共秩序必须时时巡查维护，所有设施设备如电梯、消防器材等费用支出，也是一分不少。因此，业主应当按照约定向物业服务人支付物业费，不能因为房屋空置而拒交。

【法条链接】

《中华人民共和国民法典》第九百四十四条　业主应当按照约定向物业服务人支付物业费。物业服务人已经按照约定和有关规定提供服务的，业主不得以未接受或者无需接受相关物业服务为由拒绝支付物业费。

业主违反约定逾期不支付物业费的，物业服务人可以催告其在合理期限内支付；合理期限届满仍不支付的，物业服务人可以提起诉讼或者申

请仲裁。

物业服务人不得采取停止供电、供水、供热、供燃气等方式催交物业费。

18. 业主家中被盗，物业公司要担责吗？

【案例】

张某家住某小区一楼，客厅外还有一个小花园。某日，一家人出门探亲，回来后发现家中被盗了，虽然家中没放现金，但是笔记本电脑、相机，还有金镯子、金项链等贵重物品都被偷走了。张某第一时间报了警，警方确认小偷是从一楼的花园撬窗进入室内行窃的。张某称出门前已经特意把门窗都关好了，还嘱咐园区的保安，帮忙看着点。

另外，张某与小区物业公司签订的《物业管理服务合同》，明确写着物业公司有责任维持小区内的公共秩序，做好小区治安、消防等工作，其中包括应在大门附近设立值班岗，实行封闭式管理的约定。业主家中被盗，物业公司要担责吗？

【法律分析】

根据民法典的相关规定，物业公司应当采取合理措施保护业主的人身、财产安全。法院经审理认为，本案发生损失的直接原因虽然是因为犯罪分子入室盗窃，但是由于物业公司未按照合同约定，履行提供封闭式管理服务，未对外来车辆或人员进行登记等安保义务，未能认真防范不法分子入室作案，导致张某家中的财产受到损害，故物业公司应在其过错范围内承担相应赔偿责任。

【法条链接】

《中华人民共和国民法典》第二百八十七条 业主对建设单位、物业服务企业或者其他管理人以及其他业主侵害自己合法权益的行为，有权请求其承担民事责任。

《中华人民共和国民法典》第九百四十二条 物业服务人应当按照约定和物业的使用性质，妥善维修、养护、清洁、绿化和经营管理物业服务区域内的业主共有部分，维护物业服务区域内的基本秩序，采取合理措施保护业主的人身、财产安全。

对物业服务区域内违反有关治安、环保、消防等法律法规的行为，物业服务人应当及时采取合理措施制止、向有关行政主管部门报告并协助处理。

19. 自行车维修不给修理费被扣留合法吗？

【案例】

杨某周末跟同学一起骑山地自行车出门游玩，途中自行车链条断裂，杨某把自行车交给路旁王师傅修理。杨某怕同学们等得着急，也没有事先商量好价格，就催着王师傅赶紧修。王师傅换好车链条，向杨某索要 200 元修理费，还说这里面包含加急费。杨某嫌费用太高拒绝支付，王师傅就把自行车扣下了。王师傅有权这么做吗？

【法律分析】

王师傅扣留杨某的自行车，涉及民法典规定的留置权。留置权是为了确保债务履行而设立的担保物权，当债务人不履行债务时，债权人依法享

有就担保财产优先受偿的权利。依据民法典规定，留置权必须基于合法占有。王师傅基于修车合法占有杨某的自行车，杨某拒绝支付修理费，王师傅可以行使留置权，而且有权就该自行车变卖所得的价款优先受偿。当然，杨某若是能够跟王师傅就修理费问题协商解决最好。

【法条链接】

《中华人民共和国民法典》第四百四十七条 债务人不履行到期债务，债权人可以留置已经合法占有的债务人的动产，并有权就该动产优先受偿。

前款规定的债权人为留置权人，占有的动产为留置财产。

《中华人民共和国民法典》第四百五十条 留置财产为可分物的，留置财产的价值应当相当于债务的金额。

《中华人民共和国民法典》第四百五十一条 留置权人负有妥善保管留置财产的义务；因保管不善致使留置财产毁损、灭失的，应当承担赔偿责任。

20. 疫情期间，物业有权要求业主居家隔离吗？

【案例】

章某从外地出差回家，根据健康码监测显示，他曾开车路过疫情中风险地区。在章某回家当晚，物业通知他必须居家隔离十四天，不得随意外出。疫情期间，物业有权要求业主居家隔离吗？

【法律分析】

在疫情防控工作中，广大物业服务企业执行政府依法实施的防控措施，积极投入疫情防控，坚守居民小区一线岗位，对于控制社区疫情传播发挥了重要作用。根据民法典的规定，在疫情期间，物业服务企业有权按照政府发布的各项规定，采取防控措施，要求业主居家不外出，这并不是无端限制业主的自由，业主应当遵守相关政策规定，依法予以配合。

【法条链接】

《中华人民共和国民法典》第二百八十六条第一款　业主应当遵守法律、法规以及管理规约，相关行为应当符合节约资源、保护生态环境的要求。对于物业服务企业或者其他管理人执行政府依法实施的应急处置措施和其他管理措施，业主应当依法予以配合。

《物业管理条例》第四十六条　物业服务企业应当协助做好物业管理区域内的安全防范工作。发生安全事故时，物业服务企业在采取应急措施的同时，应当及时向有关行政管理部门报告，协助做好救助工作。

物业服务企业雇请保安人员的，应当遵守国家有关规定。保安人员在维护物业管理区域内的公共秩序时，应当履行职责，不得侵害公民的合法权益。

民法典·合同编

防范风险保护交易安全

1. 白纸黑字签订的代孕合同有效吗？

【案例】

刘某和张某婚后多年未能生育，经检查刘某患有不孕症。夫妻二人求子心切，于是通过中介联系了愿意提供代孕服务的宋某，双方签订代孕合同，约定采用体外受精的方式培育受精卵，并由宋某孕育，代孕费用10万元，签订合同后先付5万元，待顺利产下小孩后再支付剩下的5万元，怀孕期间宋某的生活费、营养费等全部由张某夫妇承担。十月怀胎，宋某顺利产下一名男婴，随即就被张某夫妇抱走，宋某出院后要求张某夫妇按照约定，支付剩余的5万元，但却遭到拒绝，宋某无奈起诉到法院要求张某夫妇支付剩余代孕费。宋某的请求会得到支持吗？

【法律分析】

从代孕合同的本质来看，是将代孕方的子宫作为"物"来出租使用，将孩子作为商品交易的对象。代孕行为违背社会公德，容易引起社会伦理关系、继承关系、抚养关系的混乱。根据民法典的规定，违背公序良俗的民事法律行为无效。代孕行为因违反社会伦理道德，违反公序良俗，为法律所禁止。因此，代孕合同不受法律保护，即便白纸黑字签订的合同，也是无效的。万一买主不认账，所谓"合同"就是一纸空文。

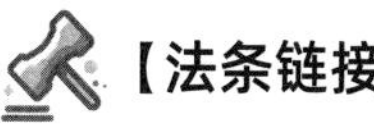

【法条链接】

《中华人民共和国民法典》第一百五十三条 违反法律、行政法规的强制性规定的民事法律行为无效。但是，该强制性规定不导致该民事法律行为无效的除外。

违背公序良俗的民事法律行为无效。

2. 被解聘员工签订的合同是否有效？

【案例】

某公司将负责对外签订合同的赵某解聘。谁知，赵某却以私自留存的盖有公司公章的空白合同，与原公司的客户订立了一份购销合同。赵某离职后盗用公司名义签订的合同有效吗？

【法律分析】

被辞退员工持原单位空白合同书订立合同，属于表见代理行为。根据民法典的规定，虽然被辞退员工无代理权，但只要合同相对人善意、无过失，客观上有理由相信代理人有代理权，该代理行为就是有效的。原单位已经开始履行合同义务或者接受相对人履行的，视为对合同的追认。不过，原单位因履行该合同造成的损失，可以向没有代理权而擅自订立合同的前员工要求赔偿，如果协商不成，可以向人民法院起诉。

【法条链接】

《中华人民共和国民法典》第五百零三条 无权代理人以被代理人的名义订立合同，被代理人已经开始履行合同义务或者接受相对人履行的，视为对合同的追认。

3. 因航班延误耽误大事，可以要求赔偿吗？

【案例】

周末，刘某计划前往土耳其出差，约了合作方进行商务谈判，并提前一周购买了某航空公司从广州直飞伊斯坦布尔的航班。就在赶往飞机场的路上，刘某接到短信通知，称航班因可能出现雷暴气象取消了。刘某的行程因此被耽搁，合作商机也因此错失，给公司造成了不小的损失，刘某能要求航空公司赔偿吗？

【法律分析】

根据民法典的规定，因不可抗力不能履行民事义务的，不承担民事责任。因为气象、突发事件、空中交通管制等原因造成航班延误的，属于不可抗力，航空公司不承担责任。由于机务维护、航班调配、机组安排等航空公司自身原因，造成航班延误或取消，航空公司应当向旅客提供餐食、住宿等服务。但不论何种原因造成延误，航空公司都应当及时告知，根据旅客的要求安排改乘或退票。

【法条链接】

《中华人民共和国民法典》第五百九十条 当事人一方因不可抗力不能履行合同的，根据不可抗力的影响，部分或者全部免除责任，但是法律另有规定的除外。因不可抗力不能履行合同的，应当及时通知对方，以减轻可能给对方造成的损失，并应当在合理期限内提供证明。

当事人迟延履行后发生不可抗力的，不免除其违约责任。

4. 悬赏广告的承诺必须履行吗？

【案例】

林某丢失一件贵重物品，登报承诺：如果有人拾得该物并归还，愿意支付 5000 元作为报酬。杨某恰好捡到了林某丢失的物品，按照报纸上刊登的联系方式，约好时间、地点给林某送去，但是林某在拿到物品后却要赖不给杨某报酬，杨某很生气。杨某能要求林某必须履行悬赏广告的承诺吗？

【法律分析】

根据民法典的规定，权利人悬赏寻找遗失物的，领取遗失物时应当按照承诺履行义务。林某应当按照承诺履行支付5000元报酬的义务，如果拒绝履行，杨某有权向法院起诉，请求履行支付义务。

【法条链接】

《中华人民共和国民法典》第三百一十七条 权利人领取遗失物时，应当向拾得人或者有关部门支付保管遗失物等支出的必要费用。

权利人悬赏寻找遗失物的，领取遗失物时应当按照承诺履行义务。

拾得人侵占遗失物的，无权请求保管遗失物等支出的费用，也无权请求权利人按照承诺履行义务。

5. 城里人买农家院的合同有效吗？

【案例】

城市居民张某到农村度假，看中了村民李某在自家宅基地上修建的农家院，当时李某正因交通事故把人撞伤、无力赔偿而焦头烂额，正准备把农家院卖了先渡过难关，两人一拍即合，双方签订了农家院买卖合同。这份买卖合同是否有效呢？

【法律分析】

根据民法典的规定，宅基地使用权的取得、行使和转让，适用土地管理法律和国家有关规定。根据《国务院办公厅关于加强土地转让管理严禁炒卖土地的通知》规定，农民的住宅不得向城市居民出售，也不得批准城市居民占用农民集体土地建住宅。因此，张某签订的这份购买农家院的合同因违反法律强制性规定而无效。

【法条链接】

《中华人民共和国民法典》第三百六十二条　宅基地使用权人依法对集体所有的土地享有占有和使用的权利，有权依法利用该土地建造住宅及其附属设施。

《中华人民共和国民法典》第三百六十三条　宅基地使用权的取得、行使和转让，适用土地管理的法律和国家有关规定。

6. 网银支付打错钱，还能要回来吗？

【案例】

石某是甲公司的财务人员，年过半百的她是公司二十多年的老员工了。年底，公司采购员要求其向乙公司汇款5.4万元，用于采购橡胶。当时已近下班时间，财务人手不足，她询问能否下周再付款，采购员却坚持要求汇款。石某遂通过公司银行账户进行网银转账。周一上班后，乙公司反映没有收到货款，石某赶忙查看汇款记录，发现钱错汇给了丙公司。石某与丙公司交涉，对方拒不承认收到过这笔钱，为了追回打错的钱，甲公司向法院提起诉讼。

【法律分析】

民法典专章规定了不当得利行为。所谓不当得利，是指没有法律或者合同上的充分根据，使他人受损而自己获得利益，由此引起利益所有人与不当得利人之间的一种债的关系。近年来，随着高科技在经济、金融领域中的运用，许多经济主体利用电子交易平台，如网上银行、支付宝、微信转账等进行经济往来，人们享受到快捷便利的同时，也常因失误操作引起许多法律纠纷。

因此，通过网络付款时务必确认收款人的名称、账户是否正确，一旦发生了失误操作，也不要慌张，第一时间联系对方，礼貌沟通说明情况。如果对方无法联系或者沟通不能达到目的，应注意保存相关证据向法院起诉，维护权益。本案中，甲公司财务人员石某网络支付操作失误，导致货款汇到丙公司账上。丙公司收取货款缺乏事实及法律依据，应当返还不当得利5.4万元。

【法条链接】

《中华人民共和国民法典》第九百八十五条 得利人没有法律根据取得不当利益的，受损失的人可以请求得利人返还取得的利益，但是有下列情形之一的除外：

（一）为履行道德义务进行的给付；

（二）债务到期之前的清偿；

（三）明知无给付义务而进行的债务清偿。

7. 网购限时抢单能被卖家随意取消吗？

【案例】

李某在网购平台上看到一款心仪已久的品牌运动鞋在搞限时促销活动，活动规则写的是12日凌晨零点开始促销，只要在活动开始半个小时内下单，即可享受半价优惠。于是李某一直熬夜在凌晨成功下单，完成支付，之后李某便期待着收到新鞋。谁知过了两天，卖家通知李某说，促销活动过于火爆，货物已经售空，单方取消了订单，并将货款全额退还。熬夜下单，期待落空，李某为此感到不平，遂找卖家理论，卖家不予理会。那么，限时抢单能被卖家随意取消吗？

【法律分析】

根据民法典的规定，在双方没有另行约定的情况下，网上购物合同成立的时间即是提交订单成功的时间。也就是说李某在提交订单成功后，他与卖家签订的买卖合同已经成立，那么双方就应该按照合同约定履行义务。在这个买卖合同里，李某最主要的义务是付款，卖家最主要的义

务是按时发货。卖家没有按时发货，反而单方取消订单，显然违反了合同约定，属于违约行为，李某有权向卖家主张承担违约责任。

【法条链接】

《中华人民共和国民法典》第五百一十二条第一款 通过互联网等信息网络订立的电子合同的标的为交付商品并采用快递物流方式交付的，收货人的签收时间为交付时间。电子合同的标的为提供服务的，生成的电子凭证或者实物凭证中载明的时间为提供服务时间；前述凭证没有载明时间或者载明时间与实际提供服务时间不一致的，以实际提供服务的时间为准。

8. 手机流量月末清零的格式条款有效吗？

【案例】

某年6月17日，刘某办理了某通信公司的手机套餐业务，他选择了一款50元/月的10G流量包。8月1日，刘某发现，他在7月1日至7月31日未使用的剩余7G流量被清零。刘某认为自己的权益受到侵害，遂诉至法院，要求运营商返还7G流量或给予现金补偿，同时赔偿其经济损失300元。运营商则表示，刘某支付的流量套餐是附消耗期限的，其剩余流量不应结转。

【法律分析】

民法典规定，格式条款是当事人为了重复使用而预先拟定，并在订立合同时未与对方协商的条款。采用格式条款订立的合同，应当遵循公平原则，并就条款内容履行提示或者说明义务。本案中，法院经审理认为，刘某当月未用足10G网络流量是其自行放弃了可以行使的合同权利，故被告并未侵害其财产权；虽然业务受理单上并未载明10G流量限定在当月使用，但是被告还是通过通告、公示等载明了“50元/月包10G流量”，因此未侵害原告知情权。原告在充分知晓被告提供的多种资费方案的计费标准差异的情况下，根据自身需求自主选择了“50元/月包10G流量”资费套餐模式，而10G的流量限定在当月使用，故被告并未侵犯原告的公平交易权。法院遂驳回了刘某的诉讼请求。

【法条链接】

《中华人民共和国民法典》第四百九十六条 格式条款是当事人为了重复使用而预先拟定，并在订立合同时未与对方协商的条款。

采用格式条款订立合同的，提供格式条款的一方应当遵循公平原则确定当事人之间的权利和义务，并采取合理的方式提示对方注意免除或者减轻其责任等与对方有重大利害关系的条款，按照对方的要求，对该条款予以说明。提供格式条款的一方未履行提示或者说明义务，致使对方没有注意或者理解与其有重大利害关系的条款的，对方可以主张该条款不成为合同的内容。

9. 转让网店须经过平台同意吗？

【案例】

姚某在某电商平台开了一家主营化妆品业务的网店，经过几年的打理，信用等级累积至四钻，拥有稳定的客户群。后来，姚某与李某签订了网店转让合同，约定将名下店铺以4万元的价格转让给李某。因网店实行实名认证制度，故李某支付转让金并接管店铺后，仅对账号密码进行了变更，后台实名认证的店主仍为姚某。

之后，姚某进入该电商平台所属公司任职，不久被查到其名下有网店。公司根据内部工作人员不得在自家平台开店的规定，将姚某的网店关停。李某的正常经营活动突然中断，便以电商平台所属公司侵犯其合法权益为由将其诉至法院，请求确认与姚某的网店转让合同有效，解封网店，并协助其变更实名认证信息。

【法律分析】

民法典规定，债权人转让债权，未通知债务人的，该转让对债务人不发生效力。法院审理认定，姚某通过与电商平台所属公司签订服务协议取得系争店铺之经营权，双方形成合法有效的合同关系。姚某转让系争店铺，实质上系将其与公司间的合同权利义务一并转让给李某。根据民法典的规定，合同权利义务的概括转让须经对方当事人同意。现姚某与李某未征得公司同意私自转让，该转让行为不发生法律效力。公司查封系争店铺，亦属根据内部规则作出的正常管理行为，并无不当。

另外，网店均存在一定程度的信用等级，该信用等级与店主经营能力及信誉息息相关，是消费者网络购物时的重要参考因素。在缺乏转让公示的情形下，店主私自转让网店，会导致经营能力及信誉与信用等级不匹配之状况，对网络交易安全带来不利影响，故法院认定公司服务协议规定限制网店私自转让具有合理性。法院依法驳回了李某的全部诉讼请求。

【法条链接】

《中华人民共和国民法典》第五百四十六条 债权人转让债权，未通知债务人的，该转让对债务人不发生效力。

债权转让的通知不得撤销，但是经受让人同意的除外。

10. 微信打款是否成立借款合同?

【案例】

石某通过微信“摇一摇”交友功能认识了陆某。两人通过微信经常聊天，陆某逐渐取得石某的信任。后来陆某谎称遇到困难向石某借款救急，石某出于信任，将省吃俭用攒下来的钱，通过微信向陆某先后转账五次，共计出借3700元。借钱后，陆某跟石某的微信聊天不再像以前那样“秒回”，聊天的兴致也逐渐降低，经常发个微信表情敷衍了事。石某慢慢感到不安，多次明确要求陆某能尽快还钱，陆某每次都爽快答应，但始终没有兑现，并开始回避石某的聊天、电话等，石某为维护自身权益，无奈之下诉至法院。

【法律分析】

民法典明确规定，自然人之间的借款合同，自贷款人提供借款时成立。借款人应当按照约定的期限返还借款，没有约定期限的，借款人可以随时要求返还。本案是一起典型的通过网络支付方式形成的借贷纠纷案件。此类案件主要有两个难点：

一是借款人身份的确定。微信的用户名可随意更改，但在本案中，认定借款人就是被告的证据是比较充分的。石某向法院提供了时间跨度长达数月的微信聊天记录，其中包含了石某为陆某预订车票等过程中陆某自行提供的照片、身份证号码、手机号码等个人信息。法院根据上述信息，核实了陆某的户籍信息，并依法向其送达了起诉状等应诉材料，由陆某亲自签收。

二是关于微信聊天证据如何审查认定的问题。通过微信支付方式而发生的债权，一旦得到证实也能够获得法律保护，但与面对面的交易相比，互联网交易的证据形式较难保存，若用户身份难以确定，将对当事人的举证提出更高的要求。因网络信息存在虚拟性，纯粹的网络信息往往不足以单独成为定案依据，需要结合当事人的身份情况、交易历史及其他现实生活中的证据加以综合判断。因此，通过网络支付方式借款，需谨慎而为。

好在石某所提交的陆某身份信息、聊天记录及各项交易记录能相互印证，因此法院确认了石某借款事实，判令陆某向石某偿还借款本金3700元及相应利息。

【法条链接】

《中华人民共和国民法典》第六百七十九条 自然人之间的借款合同，自贷款人提供借款时成立。

11. 实名火车票丢失还要再买吗？

【案例】

罗某通过中国铁路客服中心12306网站，购买了一张南京至无锡的火车票，进站后他用身份证换取纸质车票，经检票上车。列车到达无锡，当他走到出站口时，发现纸质车票丢失了。他向出站口检票人员出示身份证和网站客服中心发送到手机上的订票确认信息，表明自己已经购票。然而，检票人员只认纸质车票，不认订票确认信息，要求他补交全价票款并加收手续费。无奈之下，他只得按要求补票。事后，罗某起诉到法院，要求铁路部门退还补票款及手续费，并承担诉讼费。

【法律分析】

在民法典颁布之前，全国发生过多起因丢失实名制火车票被要求补票而将铁路部门诉至法院的案件，但鲜有胜诉。理由是实名制没有改变铁路客运的乘运方式，凭票乘运符合铁路运输的行业特点。妥善保管车票以备查验是旅客的合同义务，旅客在乘车过程中丢失车票，导致出站时无法出示有效客票的，构成违约，应当承担违约责任。这次民法典明确规定，实名制客运合同的旅客丢失客票的，可以请求承运人挂失补办，承运人不得再次收取票款和其他不合理费用。

【法条链接】

《中华人民共和国民法典》第八百一十五条 旅客应当按照有效客票记载的时间、班次和座位号乘坐。旅客无票乘坐、超程乘坐、越级乘坐或者持不符合减价条件的优惠客票乘坐的，应当补交票款，承运人可以按照规定加收票款；旅客不支付票款的，承运人可以拒绝运输。

实名制客运合同的旅客丢失客票的，可以请求承运人挂失补办，承运人不得再次收取票款和其他不合理费用。

12. 运输途中发生货物损失谁来承担责任？

【案例】

某食品厂通过中介公司介绍，与某运输公司签订了一份公路货物运输合同。运输公司向中介机构交纳了信息费，并收取食品厂预付的运费。运输合同中明确约定，中介公司只提供双方信息中介服务，不承担承托双方发生纠纷所造成的法律和经济责任。后来，该趟运输车辆侧翻导致货物受损，食品厂与运输公司商讨赔偿事宜无果后诉至法院，要求运输公司和中介公司对货物损失承担连带赔偿责任。

【法律分析】

民法典明确规定，除法定免责事由外，承运人对运输过程中货物的毁损、灭失承担赔偿责任。关于在公路货物运输合同履行过程中发生货损，货主主张赔偿时，中介公司要不要承担连带赔偿责任，应根据具体情况分别处理：

（1）中介公司只收取中介费，并未参与实际运输，运输合同中又明确约定了承运人与托运人之间关于货物发生损失的责任划分，此时中介公司不承担货损责任。

（2）中介公司不仅收取中介费，还具有运输指挥、协调行为。此时即使运输合同中明确约定了承运人与托运人之间关于货物发生损失的责任划分，但中介公司因实际参与了运输行为，应与承运人共同承担货损责任。

（3）中介公司不仅收取中介费，还在运费中分得提成，该提成行为实际参与了运输费用的分配，此时应视为中介公司实际参与了运输活动，应与承运人共同承担货损责任。

本案运输合同中已经明确承运方、托运方以及中介公司关于货损的责任，且中介公司只起到提供信息的纽带作用，并没有实际参与运输行为，因此对食品厂要求中介公司承担连带赔偿责任的请求，法院不予支持。

【法条链接】

《中华人民共和国民法典》第八百三十二条 承运人对运输过程中货物的毁损、灭失承担赔偿责任。但是，承运人证明货物的毁损、灭失是因不可抗力、货物本身的自然性质或者合理损耗以及托运人、收货人的过错造成的，不承担赔偿责任。

13. 高铁霸座违法吗？

【案例】

在永州到深圳的高铁上，一名女子强行坐到了靠窗座位，拒绝让出本不属于她的座位，列车工作人员出面协调，却遭该女子蛮横无理的辩驳："不就换个座，有什么了不起。"并摆出一副傲慢、无所谓的姿态。那么，高铁霸座违法吗？

【法律分析】

民法典明确规定旅客应该对号入座，霸座不仅是一种不道德的行为，更是一种违法行为。在乘客购票成功的那一刻起，乘客与承运方的客运合同就已经生效，按时乘车，对号入座是乘客应尽的义务。民法典从立法的层面将"对号入座"问题写进合同的约定，体现了法治精神，更体现了诚信、友善等社会主义核心价值观。

如果霸座者无理取闹，承运方可以直接将其赶下车，因为根据签订的客运合同，霸座乘客违约，承运机构拒绝履行合同完全合理合法。民法典将禁止霸座写入法律，一定会对霸座的不良行为起到震慑作用，但是从根源上还是需要全社会提高公民守法意识，提升公民素质。

【法条链接】

《中华人民共和国民法典》第八百一十五条 旅客应当按照有效客票记载的时间、班次和座位号乘坐。旅客无票乘坐、超程乘坐、越级乘坐或者持不符合减价条件的优惠客票乘坐的，应当补交票款，承运人可

以按照规定加收票款；旅客不支付票款的，承运人可以拒绝运输。

实名制客运合同的旅客丢失客票的，可以请求承运人挂失补办，承运人不得再次收取票款和其他不合理费用。

14. 机场安检拒交充电宝违法吗？

【案例】

旅客徐某要乘坐当日从三亚飞往沈阳的航班，在进行安检时，安检人员发现并告知其携带的充电宝已超出规定容量，不符合安全规定，不能随身携带乘机，可按规定暂存。但徐某声称在别的机场允许携带该充电宝过安检，以此质疑机场安检工作人员故意找茬儿，并拒绝交出超标的充电宝。徐某的行为违法吗？

【法律分析】

民法典明确规定，旅客不得随身携带或者在行李中夹带易燃、易爆、有毒、有腐蚀性、有放射性以及可能危及运输工具上人身和财产安全的危险物品或者违禁物品。

充电宝因其所含锂金属或锂离子的物理特性活跃，极易在运输过程中发生短路而引起着火，危险性不容小觑。为此，我国民航部门出台了《锂电池航空运输规范》，对锂电池的运输予以严格限制，非正规厂家生产的、未经检测和许可的无标识电池产品更不允许带上飞机。

为了旅客乘机安全，机场实行严格的安检制度。乘坐民航飞机的旅客在登机前必须接受人身和行李检查，这也是为了保证旅客自身安全和民用航空器在空中飞行安全所采取的一项必要措施。刀具类生活用品需提前办理托运手续，大容量液体化妆品等物品也归入禁止随身携带的物品。

【法条链接】

《中华人民共和国民法典》第八百一十八条 旅客不得随身携带或者在行李中夹带易燃、易爆、有毒、有腐蚀性、有放射性以及可能危及运输工具上人身和财产安全的危险物品或者违禁物品。

旅客违反前款规定的，承运人可以将危险物品或者违禁物品卸下、销毁或者送交有关部门。旅客坚持携带或者夹带危险物品或者违禁物品的，承运人应当拒绝运输。

15. 恋爱时发的微信红包能要求返还吗？

【案例】

朱某与王某通过网恋走到一起。热恋时，朱某一直本着“嘘寒问暖不如打笔巨款”的理念，没时间陪男友吃饭发红包，男友生气发红包，每逢情人节、生日等节日，冲着数字的好寓意，动辄就是520元、1314元，两年下来，光发红包，据朱某查阅聊天记录统计共1.38万元。后来两人因为感情不和分手，朱某要求男友退还微信红包。

【法律分析】

法院认为，当事人通过微信等社交软件互相发红包，属于好意施惠行为，是当事人一方以增进私人情谊为目的或基于良好的道德风尚而无偿为另一方提供物质或者服务的行为，当事人之间没有法律上的权利义务关系。好意施惠行为并不属于法律行为，不在法律调整范围之内。但用于还款、借款、购物等的微信红包，则受法律保护，这时候红包其实是一种支付方式。因此，把微信红包用作支付用途时，最好备注一下，

或者在聊天时明确说明红包的用途，万一遇到纠纷，可以作为证据。

【法条链接】

《中华人民共和国民法典》第六百五十七条 赠与合同是赠与人将自己的财产无偿给予受赠人，受赠人表示接受赠与的合同

《中华人民共和国民法典》第六百六十一条 赠与可以附义务。

赠与附义务的，受赠人应当按照约定履行义务。

16. 房客续租房子有优先权吗？

【案例】

刘某通过房产中介将自己的一间住宅出租给贾某，并签订了房屋租赁合同，约定租期为一年，付款方式为半年一付，但双方并未签订补充协议，且没有约定租赁期满后由贾某优先承租。11个月后，房产中介提前通知贾某，若是续租，房租每月将提高500元，由于嫌搬家麻烦，贾某表示可以接受这个价格，但房产中介仍然接连带其他有意向的租房客户看房，给贾某生活带来了困扰。贾某续租房子有优先权吗？

【法律分析】

一直以来，租赁合同到期原承租人仍然想续租该房屋的话，房屋出租人或受委托房产中介有绝对选择承租人的权利，而原承租人明显处于续租权无保障的弱势。民法典实施后，使续租行为从原先的约定性权利变成了法定性权利，承租人的利益受到进一步的保护，即使不签署“优

先承租权”补充协议，一样有权利优先承租。现在不少地方正在推行租购同权住房制度，这条规定某种程度上为正在推行的租购同权住房制度改革埋下了伏笔。民法典规定的“优先承租权”，能让租房族先稳定下来，接下来推行的租购同权住房制度，将会使不少没有自有产权住房、长期租赁房屋的人，享受民法典带来的实惠。

【法条链接】

《中华人民共和国民法典》第七百三十四条　租赁期限届满，承租人继续使用租赁物，出租人没有提出异议的，原租赁合同继续有效，但是租赁期限为不定期。

租赁期限届满，房屋承租人享有以同等条件优先承租的权利。

17. 有胃肠疾病算“带病投保”吗？

【案例】

罗某上大学期间，学校为其在保险公司投保了住院团体医疗保险、住院津贴团体医疗保险等险种，保险期间持续至今。大三时，罗某因身体不适住院治疗，被确诊为“系统性红斑狼疮”，为此支出各项医疗费用共计3万元。按照保险条款的约定，保险公司应当全额理赔罗某支出的医疗费个人负担部分及住院津贴。当罗某向保险公司申请理赔时，却因“带病投保”遭到拒绝，原因是罗某在投保前，曾多次因肠胃疾病入院治疗，罗某没有向保险公司据实反映。

【法律分析】

民法典规定，采用格式条款订立合同的，提供格式条款的一方应当

遵循公平原则确定当事人之间的权利和义务。经法院审理查实，罗某上学期间确因腹痛、呕吐多次去医院就诊，但诊断结论均为胃肠炎或考虑胃肠疾病可能性大。保险公司投保单询问内容包括“系统性红斑狼疮”，但未问及其他胃肠道疾病或症状，对此，投保人已如实回答，不属于“带病投保”。如允许保险公司援用免责条款，对所有未经询问的其他投保前所患疾病或症状一概免责，无疑将使保险人逃避其依法应承担的义务，也与订立保险合同应遵循的公平原则相悖。因此，保险公司不能免责，应赔付罗某医疗费及住院津贴。

【法条链接】

《中华人民共和国民法典》第四百九十六条 格式条款是当事人为了重复使用而预先拟定，并在订立合同时未与对方协商的条款。

采用格式条款订立合同的，提供格式条款的一方应当遵循公平原则确定当事人之间的权利和义务，并采取合理的方式提示对方注意免除或者减轻其责任等与对方有重大利害关系的条款，按照对方的要求，对该条款予以说明。提供格式条款的一方未履行提示或者说明义务，致使对方没有注意或者理解与其有重大利害关系的条款的，对方可以主张该条款不成为合同的内容。

《中华人民共和国民法典》第四百九十七条 有下列情形之一的，该格式条款无效：

（一）具有本法第一编第六章第三节和本法第五百零六条规定的无效情形；

（二）提供格式条款一方不合理地免除或者减轻其责任、加重对方责任、限制对方主要权利；

（三）提供格式条款一方排除对方主要权利。

18. 承诺没有兑现能拒绝支付中介费吗？

【案例】

房产中介公司经纪人颜某曾对购房者唐某承诺，某小区的那套房屋带有某名校的入学指标，是许多购房者争抢的学区房，唐某信以为真，支付部分中介费后，唐某全款将该套房买下。后来才发现，这套房虽然离学校近，但却没有入学指标名额，唐某觉得自己被经纪人欺骗了，遂拒绝支付剩余的中介服务费。房产中介公司向法院起诉，要求唐某支付剩余的报酬和违约金。

【法律分析】

民法典规定，商业广告和宣传的内容符合要约条件的，构成要约。内容具体确定的要约，有法律约束力。要约的方式可以采用书面形式、口头形式或者其他形式。但是当事人必须能够证明要约事实存在。法庭调查中，唐某也未能出示证据证明房产中介公司做过“有名校入学指标”的承诺，房屋买卖合同中也未约定学区房相关条款，唐某应承担举证不能的责任，依法向房产中介公司支付剩余报酬及违约金。

购买学区房需要注意以下两点：一是提前向相应学校及教育主管部门核实好相关入学政策及购买房屋入学指标的真实情况；二是将学区房条款写进书面合同，明确约定如因开发商、卖房人违约致使买房人购买学区房的目的不能实现的，买房人有权要求解除合同，退还中介费等，防止因卖方的虚假宣传、不实陈述造成不必要的损失。

【法条链接】

《中华人民共和国民法典》第四百七十二条 要约是希望与他人订立合同的意思表示，该意思表示应当符合下列条件：

（一）内容具体确定；

（二）表明经受要约人承诺，要约人即受该意思表示约束。

《中华人民共和国民法典》第四百七十三条 要约邀请是希望他人向自己发出要约的表示。拍卖公告、招标公告、招股说明书、债券募集办法、基金招募说明书、商业广告和宣传、寄送的价目表等为要约邀请。

商业广告和宣传的内容符合要约条件的，构成要约。

19. 快递丢失怎么赔？

【案例】

在北京上大学的王某，委托某快递公司邮寄一部价值6000元的手机至山东老家，并支付了15元快递费。两周过去了，手机一直没有送达指定地点。王某联系客服查询，对方承认该快递丢失，并同意赔偿，却称因王某当初寄件时没有选择保价，所以按规定只能赔付三倍邮费，即45元。王某无法接受，向法院起诉请求按手机价值全额赔偿。那么，快递丢失怎么赔？

【法律分析】

客户发件，快递公司收件，双方围绕快递的寄送形成货物运输合同关系。合同成立后双方都应按约定履行自己的义务，客户负有如实说明、支付快递费用的义务，而快递公司则负有将快递妥善安全送达收件人的义务，任何一方违约都需要承担法律责任。

快递公司未尽到妥善保管运输义务导致快递丢失的，构成违约。快递公司作为承运人，应当对运输过程中快递的毁损、灭失承担赔偿责任。但如果货物的毁损、灭失是因不可抗力、货物本身的自然性质或者合理损耗，以及基于客户或收件人的过错造成的，则快递公司无须承担赔偿责任，但对此需要负担举证责任。

丢失快递的赔偿数额确定有两种方式：（1）当事人有约定的，按照其约定，即快递单中规定的保价；（2）没有约定或者约定不明确，按照交付或者应当交付时货物到达地的市场价格计算。

值得说明的是，未保价物品丢失的，快递企业不能主张适用邮政法规定的三倍邮资赔偿限额。邮政法第四十七条规定，未保价的给据邮件丢失、损毁或者内件短少的，按照实际损失赔偿，但最高赔偿额不超过所收取资费的三倍。这一规定适用的主体是邮政企业从事的邮政普遍服务业务，快递业务并不能适用这一赔偿限额，而应适用有关货物运输合同的民事法律规定。

【法条链接】

《中华人民共和国民法典》第八百三十二条　承运人对运输过程中货物的毁损、灭失承担赔偿责任。但是，承运人证明货物的毁损、灭失是因不可抗力、货物本身的自然性质或者合理损耗以及托运人、收货人的过错造成的，不承担赔偿责任。

《中华人民共和国民法典》第八百三十三条　货物的毁损、灭失的赔偿额，当事人有约定的，按照其约定；没有约定或者约定不明确，依据本法第五百一十条的规定仍不能确定的，按照交付或者应当交付时货物到达地的市场价格计算。法律、行政法规对赔偿额的计算方法和赔偿限额另有规定的，依照其规定。

20. 租期约定不明的，是否可以随时解除租赁合同？

【案例】

刘某欠何某10万元货款逾期未还，且刘某不知所踪。刘某之子刘小某为替父还债，与何某签订书面房屋租赁合同，未约定租期，仅约定："月租金1万元，用租金抵货款，如刘某出现并还清货款，本合同终止，双方再行结算。"何某是否有权随时解除合同？

【法律分析】

当事人对租赁期限没有约定或者约定不明确，依据民法典的规定仍不能确定的，视为不定期租赁；当事人可以随时解除合同，但是应当在合理期限之前通知对方。本案中，刘某与何某的房屋租赁合同存在替父亲偿还欠款的附条件行为，若债务偿清，双方不能就租期达成补充协议，也不能根据合同相关条款或交易习惯确定租期，则何某有权随时解除合同，但应当在合理期限内通知对方。

【法条链接】

《中华人民共和国民法典》第七百三十条 当事人对租赁期限没有约定或者约定不明确，依据本法第五百一十条的规定仍不能确定的，视为不定期租赁；当事人可以随时解除合同，但是应当在合理期限之前通知对方。

《中华人民共和国民法典》第一百五十八条 民事法律行为可以附条件，但是根据其性质不得附条件的除外。附生效条件的民事法律行为，自条件成就时生效。附解除条件的民事法律行为，自条件成就时失效。

21. 合同没有签名、盖章能成立吗？

【案例】

张某和王某就销售器材协商达成协议，因老板出国考察还未签字、盖章，张某交代销售部，在王某完成首付款支付的情况下，可以先分批发货，合同等老板回来再补。后来该批器材市场价节节攀升，老板能以合同未签署为由反悔吗？

【法律分析】

根据民法典的规定，当事人采用合同书形式订立合同的，自当事人均签名、盖章或者按指印时合同成立。在签名、盖章或者按指印之前，当事人一方已经履行主要义务，对方接受时，该合同成立。虽然张某和王某之间的合同还未签字、盖章，但是张某已经履行分批交货义务，王某也付了货款，所以，他们之间的合同已经成立，不能反悔了。

【法条链接】

《中华人民共和国民法典》第四百九十条 当事人采用合同书形式订立合同的，自当事人均签名、盖章或者按指印时合同成立。在签名、盖章或者按指印之前，当事人一方已经履行主要义务，对方接受时，该合同成立。

法律、行政法规规定或者当事人约定合同应当采用书面形式订立，当事人未采用书面形式但是一方已经履行主要义务，对方接受时，该合同成立。

民法典·人格权编

让 每 个 人 活 得 更 有 尊 严

1. 景区要求游客必须“刷脸”进入合法吗？

【案例】

退休的郭某花了1360元购买了一张某风景区“畅游365天”的双人年卡，确定进入景区方式为指纹识别。郭某和老伴儿两人登记了姓名、身份证号码、电话号码，并采集了指纹。后来，景区引进人脸识别系统，将年卡客户进入景区方式从指纹识别调整为“刷脸”。随后，该景区两次向郭某发短信，通知年卡进入景区识别系统更换事宜，要求激活人脸识别系统，否则将无法正常进入景区。

郭某认为公园以“刷脸”入景区采集个人信息的方式，存在个人信息泄露的安全隐患，不愿意更换进入景区方式，双方就相关事宜协商未果，郭某向法院提起诉讼，以景区违约为由提出赔偿年卡卡费、交通费，删除景区采集的个人信息等诉讼请求。

【法律分析】

本案双方因购买景区年卡而形成服务合同关系，后因进入景区方式变更引发纠纷，其争议焦点实为经营者处理消费者个人信息的问题，尤其是采集指纹和人脸等个人生物识别信息行为的评价和规范问题。

出于对大数据开发，促进人工智能技术发展的需要，我国民法典立法时对于个人信息在消费领域的收集、使用未予禁止，但强调对个人信息处理过程中的监督和管理，即个人信息的收集要遵循“合法、正当、必要”的原则，并要征得当事人同意；个人信息的利用要遵循确保安全原则，不得泄露、出售或者非法向他人提供；个人信息被侵害时，经营

者需承担相应的侵权责任。

本案中，某景区要求客户在办理年卡时，必须采集郭某及其妻子的个人信息，超出了法律意义上的必要原则要求，故不具有正当性，且某景区在合同履行期间将原指纹识别进入景区方式变更为人脸识别方式，属于单方变更合同的违约行为，故法院判决景区应赔偿郭某合同利益损失及交通费，并按郭某的要求删除其夫妇的个人信息。

【法条链接】

《中华人民共和国民法典》第一千零三十四条 自然人的个人信息受法律保护。

个人信息是以电子或者其他方式记录的能够单独或者与其他信息结合识别特定自然人的各种信息，包括自然人的姓名、出生日期、身份证件号码、生物识别信息、住址、电话号码、电子邮箱、健康信息、行踪信息等。

个人信息中的私密信息，适用有关隐私权的规定；没有规定的，适用有关个人信息保护的规定。

2. 酒店安装摄像头是否侵犯隐私权？

【案例】

李某与朋友出去旅游，入驻某酒店。玩了一天回到住处，李某洗完澡裹着浴巾，在床上看手机时，发现墙上电视的边框有一个孔，怀疑是针孔摄像头。于是跟朋友一起把它取下来查看，里面真的藏着一个针孔摄像头，还找到了天线和内存卡。李某和朋友找酒店经理质问，酒店经理狡辩说，这个电视装了七八年，不可能有针孔摄像头这种东西。当李某拿出拆卸下来的实物时，他又推脱说，摄像头不是酒店装的，李某和朋友选择报警处理。

【法律分析】

我国民法典首次对个人隐私权的保护作出了明确的规定。民法典人格权编第六章“隐私权和个人信息保护”，宣示了自然人享有隐私权，明确了隐私权的内涵，并列举了侵害隐私权的具体表现。入住酒店被偷拍，受害人可以通过法律途径寻求损害赔偿，让侵权行为人承担民事责任。对于侵犯隐私权情况严重的，应当适用刑法的相关规定定罪处罚。比如，偷拍偷录的内容中涉及公民的身份证信息，包括姓名、年龄、身份、户籍所在地等信息出售牟利，情节严重的，构成侵犯公民信息罪；非法使用窃听、窃照专用器材的，构成非法使用窃听、窃照专用器材罪；如果嫌疑人偷录的视频中包含淫秽内容，并且将其传播出去，构成传播淫秽物品罪。刑法作为维护社会公平正义的最后一道防线，有强制力和威慑力，对打击侵犯隐私权的行为起到保障作用。因此，刑法和民法典结合起来，将更好地保护公民的隐私权。

【法条链接】

《中华人民共和国民法典》第一千零三十二条 自然人享有隐私权。任何组织或者个人不得以刺探、侵扰、泄露、公开等方式侵害他人的隐私权。

隐私是自然人的私人生活安宁和不愿为他人知晓的私密空间、私密活动、私密信息。

《中华人民共和国民法典》第一千零三十三条 除法律另有规定或

者权利人明确同意外，任何组织或者个人不得实施下列行为：

（一）以电话、短信、即时通讯工具、电子邮件、传单等方式侵扰他人的私人生活安宁；

（二）进入、拍摄、窥视他人的住宅、宾馆房间等私密空间；

（三）拍摄、窥视、窃听、公开他人的私密活动；

（四）拍摄、窥视他人身体的私密部位；

（五）处理他人的私密信息；

（六）以其他方式侵害他人的隐私权。

3. 景区曝光游客不文明行为侵犯肖像权吗？

【案例】

一名游客在通过景区步行走廊时，故意将立在路边的一排指示牌接连推倒，指示牌应声掉进小溪里，紧接着，该游客又将旁边的垃圾箱推倒。景区的监控摄像拍下了这一幕，将这段视频在景区自媒体账号平台进行曝光，被多方转载，引发网络热议。事发后，该游客认为景区曝光的视频侵犯其肖像权，损害其名誉，要求承担损害赔偿。

【法律分析】

民法典明确规定，行为人为公共利益实施新闻报道、舆论监督等行为，影响他人名誉的，不承担民事责任。但是不能捏造、歪曲事实；不能使用侮辱性言辞等贬损他人名誉。

曝光不文明行为，以期公众能遵守社会公德、维护社会秩序，具有社会公益性和正当性，是公民行使监督权利的体现。但是，民法典也强调“合理使用”，使用不合理侵害民事主体人格权的，应当依法承担民事责任。专业律师提示，行为人行使正当的舆论监督权，着重点应该是曝光行为，并应对事件尽到合理核实义务，避免使用侮辱性言辞贬损他人，如果能够对可能侵权的图像进行技术处理后再上传，可以避免更多纠纷。

【法条链接】

《中华人民共和国民法典》第九百九十九条 为公共利益实施新闻报道、舆论监督等行为的，可以合理使用民事主体的姓名、名称、肖像、个人信息等；使用不合理侵害民事主体人格权的，应当依法承担民事责任。

《中华人民共和国民法典》第一千零二十五条 行为人为公共利益实施新闻报道、舆论监督等行为，影响他人名誉的，不承担民事责任，但是有下列情形之一的除外：

（一）捏造、歪曲事实；

（二）对他人提供的严重失实内容未尽到合理核实义务；

（三）使用侮辱性言辞等贬损他人名誉。

4. 能要求银行删除不良征信记录吗？

【案例】

某日，徐某突然接到银行来电，称其欠款5000元，逾期未还，他以为是诈骗电话就直接挂了。后来，徐某登录中国人民银行征信系统查询，发现名下存在一笔5000元欠款未还的不良征信记录，顿时傻眼了，因自己从未申请过该行信用卡，这笔欠款到底是从哪儿来的呢？

原来，不久前徐某不小心把身份证丢了。有人拿着徐某的身份证在网上申办了一张信用卡，消费和支取现金共计5000元，迟迟未

还款，该“不良征信”被录入中国人民银行个人征信系统。徐某认为，自己没有申请办卡，更没有消费和透支行为，不应承担还款义务。银行在办卡过程中未尽到身份核查义务，错发信用卡，存在过错，遂要求银行协助删除其不良信用记录。

【法律分析】

民法典首次在我国法律层面确认和保护信用权，使信用权由一项侧重于金融征信领域的权利，上升至一项普遍的民事权益。民事主体享有信用查询、信用异议、信用更正三项民事请求权。

民法典明确信用权的人格权属性后，征信业、社会诚信体系建设中信用评价人及其他主体的过错导致民事主体的信用评价不当的，就可能构成侵犯民事主体人格权的侵权行为。

法院审理认为，在银行办理开卡业务的并非徐某本人，银行在办理信用卡开户过程中审查不严，致使他人冒用徐某名义申请并办理了信用卡。徐某与银行之间并不存在借贷法律关系，他人利用涉案账户产生的欠款不应由徐某承担，徐某要求办卡银行协助消除不良信用记录的主张于法有据，应予以支持。

【法条链接】

《中华人民共和国民法典》第一千零二十九条 民事主体可以依法查询自己的信用评价；发现信用评价不当的，有权提出异议并请求采取更正、删除等必要措施。信用评价人应当及时核查，经核查属实的，应当及时采取必要措施。

《中华人民共和国民法典》第一千零三十条 民事主体与征信机构等信用信息处理者之间的关系，适用本编有关个人信息保护的规定和其他法律、行政法规的有关规定。

5. 朋友圈骂人违法吗？

【案例】

张某开了一家杂货店，平时经常从李某那里批发进货。年前张某从李某处进了一批腌制食品，因食品口味不正影响销售，在账款结算时产生矛盾。李某为此愤愤不平，在自己的朋友圈吐槽、辱骂张某，并曝光张某的杂货店门面以及工商登记信息。李某的不理智言行，在亲朋好友间流传开来，不仅给张某个人生活造成困扰，还影响了他的杂货店生意。为此，张某将李某起诉到法院，要求李某停止侵权行为，向他赔礼道歉，消除影响并赔偿损失。

【法律分析】

李某在个人微信朋友圈发布侮辱性言论，引起朋友关注，客观上降低了张某的社会评价，侵犯了他的名誉权。按照民法典的规定，民事主体享有名誉权。张某的名誉权因李某的不当行为受到侵害的，有权要求其停止侵害、赔礼道歉、消除影响，并视损害程度赔偿损失。

【法条链接】

《中华人民共和国民法典》第一千零二十四条 民事主体享有名誉权。任何组织或者个人不得以侮辱、诽谤等方式侵害他人的名誉权。

名誉是对民事主体的品德、声望、才能、信用等的社会评价。

6. 微博日记曝光他人婚外情，构成侵权吗？

【案例】

江某结婚一年后，因抑郁跳楼自杀身亡。江某生前在网络上注册了名为“千山暮雪”的个人微博，并进行写作。在自杀前两个月，江某关闭了自己的微博，但一直在微博中以日记的形式记载这两个月的心路历程，为自己失败的婚姻挣扎，控诉丈夫王某不忠，怀疑其婚内出轨，披露丈夫王某的姓名、工作单位地址等信息，并将王某与“第三者”佟某的合影照片贴在微博中。江某跳楼自杀前，曾将微博密码告诉了大学同学章某。

江某过世后，章某将她生前的微博日记转发到各大自媒体网络平台，被许多网友转载，引发长时间、持续性关注和评论。许多网民在网上发表激烈言辞谩骂、攻击王某，还有部分网民到王某住处进行骚扰，在他门口刷写、张贴“逼死贤妻”“血债血偿”等标语。王某的正常生活受到严重干扰，他向法院起诉，请求章某和各网络平台停止侵害、删除信息、消除影响、赔礼道歉并赔偿精神抚慰金。

【法律分析】

法院经审理认为，公民的个人感情生活包括婚外男女关系均属个人隐私。章某披露王某的个人信息行为侵害了王某的隐私权。网站根据法律法规制定上网规则，对上网文字设定相应的监控和审查过滤措施，在知道网上违法或侵权言论时采取了删除与本案有关的网络信息，已经履行了监管义务，不承担侵权责任。

本案中，虽然原告王某的婚外情在道德上应该受到批评，但这并非公众干预其个人生活的合法理由。公民的个人感情生活包括婚外男女关系均属个人隐私，无论是个人通过互联网披露，还是媒体的公开报道，都应当注意对个人隐私的保护。

【法条链接】

《中华人民共和国民法典》第一千零三十二条 自然人享有隐私权。任何组织或者个人不得以刺探、侵扰、泄露、公开等方式侵害他人的隐私权。

隐私是自然人的私人生活安宁和不愿为他人知晓的私密空间、私密活动、私密信息。

7. 地铁里的“咸猪手”构成性骚扰吗？

【案例】

某日，汤某像往常一样乘坐地铁四号线上班。此时正是上班高峰期，地铁车厢里的乘客一如既往，人挤人，肩并肩。对此，汤某早已习以为常，所以和往常一样自顾自地看着手机资讯。突然，她感到一只手在自己的大腿上游移，立即警觉起来。地铁里的“咸猪手”构成性骚扰吗？

【法律分析】

民法典确立了性骚扰的认定标准，对准确地追究性骚扰行为人的责任，保护受害人的权益，维护一般人的行为自由，意义重大。民法典明确了性骚扰的三个认定标准：（1）实施了一种与性有关的骚扰行为，可

以是以文字、图片等形式表现出来，通常都是犯罪行为以外的违法行为；（2）必须是指向特定人，既可以是男性，也可以是女性；（3）必须是违背受害人的意愿，并明确表示反对、感到厌恶的。

警方提醒：女性乘坐公交、地铁等公共交通工具时，如果遭遇骚扰、猥亵等不法侵害时，请及时报警，保留证据。同时，在确保自身安全的前提下，可以大胆呵斥对方，并寻求司乘人员、地铁保安人员或其他乘客的帮助。

【法条链接】

《中华人民共和国民法典》第一千零一十条 违背他人意愿，以言语、文字、图像、肢体行为等方式对他人实施性骚扰的，受害人有权依法请求行为人承担民事责任。

机关、企业、学校等单位应当采取合理的预防、受理投诉、调查处置等措施，防止和制止利用职权、从属关系等实施性骚扰。

8. 未经同意在墓碑上刻他人名字，违法吗？

【案例】

李小某十三岁时，母亲沈某向法院提起诉讼，要求和丈夫李某离婚。他们通过法院调解离婚，李小某由父亲李某抚养。沈某再婚后不久，被查出患有乳腺癌，一年多后不治身亡。沈某去世后，继父未经李小某同意，擅自将她的姓名刻在亡妻墓碑之上，并书写“率女李小某”等字样。对此李某父女表示无法接受，并以侵犯署名权为由向法院起诉。在法官的调解下达成和解协议，继父于调解书生效之日起一个月内清除沈某墓碑上“率女李小某”等字样。

【法律分析】

本案中，继父擅自在墓碑上刻制李小某的名字，侵犯的并非是署名权，而是姓名权。姓名权保护的客体是权利人的姓名。姓名并不限于公民在户籍机关正式登记的本名，亦包括艺名、笔名等非正式姓名。在使用他人姓名之时，应当征得姓名权人的同意，否则不管是否出于营利目的，都属侵权行为。

【法条链接】

《中华人民共和国民法典》第一千零一十二条 自然人享有姓名权，有权依法决定、使用、变更或者许可他人使用自己的姓名，但是不得违背公序良俗。

《中华人民共和国民法典》第一千零一十四条 任何组织或者个人不得以干涉、盗用、假冒等方式侵害他人的姓名权或者名称权。

9. 网名受法律保护吗？

【案例】

王某从初中开始，就一直热爱网络文学。她给自己开了一个自媒体账号，取了个“江南雨夜”的网名，在繁忙的学习之余，持续发文，日积月累，几年下来发了不少文章，也攒了很多的粉丝，在自媒体创作圈子里，已经小有名气。她的网名受法律保护吗？

【法律分析】

网络时代，网名是人们网络社交的数字名片。民法典顺应了社会发

展的时代要求，明确将笔名、艺名、网名、译名、字号、姓名和名称的简称等纳入姓名权与名称权的保护范围。然而，网名具有随性、易变的特点，很难像姓名一样直接指代一个人。因此，民法典在将笔名、艺名、网名、译名、字号、姓名和名称的简称等纳入姓名权和名称权的保护范围时，也为其设定了一个前提条件，那就是需要具有一定社会知名度，被他人使用足以造成公众混淆。因此，王某的网名受法律保护。

【法条链接】

《中华人民共和国民法典》第一千零一十七条 具有一定社会知名度，被他人使用足以造成公众混淆的笔名、艺名、网名、译名、字号、姓名和名称的简称等，参照适用姓名权和名称权保护的有关规定。

10. 死者还享有肖像权吗？

【案例】

演出策划公司在剧场举办演唱会时，未经同意，在前期宣传海报上醒目地使用了一位已故知名艺人的生前肖像及称谓，作为广告噱头，吸引粉丝买票，造成不利影响。该艺人的遗孀认为，该公司未经许可，擅自使用其丈夫生前的艺术照，侵犯其肖像权。那么，死者还享有肖像权吗？

【法律分析】

民法典规定，死者的姓名、肖像、名誉、荣誉、隐私、遗体等受到侵害的，其配偶、子女、父母有权依法请求行为人承担民事责任；死者没有配偶、子女且父母已经死亡的，其他近亲属有权依法请求行为人承担民事责任。本案中，被告在未经该艺人近亲属授权同意的情况下，擅自使用其肖像用于商业宣传，侵犯了死者的肖像权，其行为已经构成侵权，应当承担法律责任。

【法条链接】

《中华人民共和国民法典》第九百九十四条 死者的姓名、肖像、名誉、荣誉、隐私、遗体等受到侵害的，其配偶、子女、父母有权依法请求行为人承担民事责任；死者没有配偶、子女且父母已经死亡的，其他近亲属有权依法请求行为人承担民事责任。

11. 遭遇职场性骚扰，怎么办？

【案例】

二十六岁的朱某因相貌出众成为公司前台，在平时工作中经常遭到上级领导贾某的无故骚扰，半夜发暧昧短信，节假日将玫瑰花快递到她租住的公寓。朱某多次表示自己已经有男朋友，不希望生活受到过多干扰。年会的时候，贾某借着酒劲不顾朱某的反抗，当众搂抱亲吻她，引起朱某的极度反感。遭遇职场性骚扰，怎么办？

【法律分析】

违背他人意愿，以言语、肢体行为等方式对他人实施性骚扰的，受害人有权依法请求行为人承担民事责任。机关、企业、学校等单位应当采取合理的预防、受理投诉、调查处置等措施，防止和制止利用职权、从属关系等实施性骚扰。本案中，贾某违背朱某意愿，以言语、肢体行为等方式对她实施性骚扰，侵犯了朱某的人格权，朱某有权要求停止侵害，承担侵权责任。

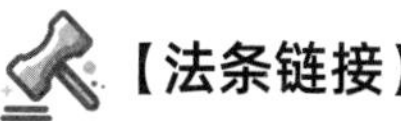

【法条链接】

《中华人民共和国民法典》第一千零一十条 违背他人意愿，以言语、文字、图像、肢体行为等方式对他人实施性骚扰的，受害人有权依法请求行为人承担民事责任。

机关、企业、学校等单位应当采取合理的预防、受理投诉、调查处置等措施，防止和制止利用职权、从属关系等实施性骚扰。

12. “背锅”留下不良征信记录，能要求精神损害赔偿吗？

【案例】

崔某用马路上捡到的一张钟某身份证，在银行办理了一张信用卡。该银行发放信用卡之前，曾通过崔某留下的钟某的电话（实为崔某的电话）进行核实，崔某以钟某自称，骗过了银行。之后崔某利用该信用卡透支消费不还，导致钟某产生征信不良记录。钟某能否以崔某擅自使用他人身份证办理信用卡，侵犯姓名权为由，提出精神损害赔偿？

【法律分析】

因盗用、冒用他人姓名申办信用卡透支消费，其行为构成侵犯姓名权。因信用卡透支消费导致他人银行征信系统留下不良信用记录，对当事人从事商业活动及其他社会经济活动造成重大不良影响，给他人实际造成精神痛苦，妨碍其内心安宁，降低其社会评价的，受害人有权就此提出精神损害赔偿请求。另外，侵权行为人冒用他人身份办理信用卡透支消费情节严重的，还会触犯刑法，构成信用卡诈骗罪，将被依法追究刑事责任。

【法条链接】

《中华人民共和国民法典》第一千零一十四条 任何组织或者个人不得以干涉、盗用、假冒等方式侵害他人的姓名权或者名称权。

13. 对他人发动"人肉搜索"是否侵权？

【案例】

周某因在一档电视相亲节目中表现聪慧犀利而受到观众关注，一时被许多人追捧。有好事网民对其发动"人肉搜索"，在相关网站首次披露周某的曾用名、儿时相片、家庭背景、恋爱史等个人信息，还有网民在网站上捏造周某曾与某明星有染的绯闻，博人眼球，获取流量。网民的行为是否侵犯了周某的隐私权、名誉权？

【法律分析】

自然人享有隐私权。任何组织或者个人不得以刺探、侵扰、泄露、公开等方式侵害他人的隐私权。隐私是自然人的私人生活安宁和不愿为他人知晓的私密空间、私密活动、私密信息。本案中，网民在相关网站首次披露周某的家庭背景、恋爱史等个人信息侵犯了周某的隐私权。民事主体享有名誉权。任何组织或者个人不得以侮辱、诽谤等方式侵害他人的名誉权。名誉是对民事主体的品德、声望、才能、信用等的社会评价。本案中，网民捏造周某与某明星有染的绯闻，造成周某社会评价降低，侵犯了周某的名誉权，周某有权依法请求该行为人承担停止侵害、赔礼道歉、赔偿损失等民事责任。

【法条链接】

《中华人民共和国民法典》第一千零三十二条 自然人享有隐私权。

任何组织或者个人不得以刺探、侵扰、泄露、公开等方式侵害他人的隐私权。

隐私是自然人的私人生活安宁和不愿为他人知晓的私密空间、私密活动、私密信息。

《中华人民共和国民法典》第一千零二十四条 民事主体享有名誉权。任何组织或者个人不得以侮辱、诽谤等方式侵害他人的名誉权。

名誉是对民事主体的品德、声望、才能、信用等的社会评价。

《中华人民共和国民法典》第一千零二十七条第一款 行为人发表的文学、艺术作品以真人真事或者特定人为描述对象，含有侮辱、诽谤内容，侵害他人名誉权的，受害人有权依法请求该行为人承担民事责任。

14. 能擅自捐献死者器官或者遗体吗？

【案例】

章某患有先天性心脏病，他知道自己随时都可能面临死亡，曾明确表示不愿意在死亡后捐赠器官或者遗体。章某过世后，其妻子不同意捐献章某的器官，其父母能擅自做主将他的眼角膜捐给章某的妹妹吗？

【法律分析】

父母不能擅自做主将章某的眼角膜捐给他的妹妹。民法典对于人体捐献充分体现了意思自治原则，尤其尊重死者生前意愿。捐献死者器官或遗体须经当事人同意，但同意的形式及规定不尽相同，涉及捐献意愿和捐献权的问题。具体而言，同意的形式有知情同意、推定同意、法定同意三种形式。我国目前主要适用的是知情同意原则，即捐献死者器官或遗体须基于死者生前明确的意思表示。实践中，经常遇到死者生前未作捐献表示，而近亲属有意捐献，这就产生了另一种同意原则——推定同意原则，即只要公民在逝世前未明确表示反对器官捐献，则其配偶、成年子女、父母可以共同决定向合法机构捐献死者遗体或器官。从法律上讲，死者去世后，其权利即告消灭，死者亲属享有遗体的处分权，遗体是通过埋葬还是捐献使死者的社会价值得以存续、人格评价得以升华，是死者亲属的权利，当然该权利的行使以不违背死者生前的意愿为前提。

【法条链接】

《中华人民共和国民法典》第一千零六条 完全民事行为能力人有权依法自主决定无偿捐献其人体细胞、人体组织、人体器官、遗体。任何组织或者个人不得强迫、欺骗、利诱其捐献。

完全民事行为能力人依据前款规定同意捐献的，应当采用书面形式，也可以订立遗嘱。

自然人生前未表示不同意捐献的，该自然人死亡后，其配偶、成年子女、父母可以共同决定捐献，决定捐献应当采用书面形式。

15. 擅自翻看快递中的私人物品，是否侵犯他人隐私权？

【案例】

张某毕业后要去外地工作，将自己贴身生活用品、私密照片及平板电脑等装箱交给某快递公司运送，经过安检后，张某在箱外贴了“私人物品，严禁打开”的字条。张某到外地收到快递后察觉有异，经查实，某快递公司工作人员李某曾翻看箱内物品，并损坏了平板电脑。张某能否以隐私权被侵犯要求赔偿？

【法律分析】

隐私是自然人的私人生活安宁和不愿为他人知晓的私密空间、私密活动、私密信息。自然人享有隐私权。任何组织或者个人不得以刺探、侵扰、泄露、公开等方式侵害他人的隐私权。本案中，李某私自翻看箱内物品，侵犯了张某的隐私权。根据民法典规定，用人单位的工作人员因执行工作任务造成他人损害的，由用人单位承担侵权责任。用人单位承担侵权责任后，可以向有故意或者重大过失的工作人员追偿。李某翻看箱内物品以及损坏平板电脑的损失均应由某快递公司来承担责任，张某可向该快递公司索赔。

【法条链接】

《中华人民共和国民法典》第一千零三十二条 自然人享有隐私权。任何组织或者个人不得以刺探、侵扰、泄露、公开等方式侵害他人的隐私权。

隐私是自然人的私人生活安宁和不愿为他人知晓的私密空间、私密活动、私密信息。

16. 冒用他人网名出书违法吗？

【案例】

章某想出一本书，怕出版社看不上，又担心没有销量，为此十分烦恼。经过检索发现，某网络大V的网名，跟他小名一样，该网络大V拥有百万粉丝，很受追捧。章某就动了歪心思，以该网络大V的名义与出版社接洽出书，进行市场推广，获得了不错的市场效益。冒用他人网名出书违法吗？

【法律分析】

根据民法典的规定，具有一定社会知名度，被他人使用足以造成公众混淆的笔名、艺名、网名、译名、字号、姓名和名称的简称等，参照适用姓名权和名称权保护的有关规定。章某冒用网络大 V 网名出书，其行为侵犯了他人姓名权应承担相应的民事责任。

【法条链接】

《中华人民共和国民法典》第一千零一十七条 具有一定社会知名度，被他人使用足以造成公众混淆的笔名、艺名、网名、译名、字号、姓名和名称的简称等，参照适用姓名权和名称权保护的有关规定。

17. 制作“鬼畜视频”用来丑化别人违法吗？

【案例】

“鬼畜”作为当下流行的音视频素材加工方式，广受新生代年轻人的喜欢与追捧。“鬼畜视频”因具有“魔性”“洗脑”“喜感”等效果，被广泛传播。制作“鬼畜视频”用来丑化别人违法吗？

【法律分析】

根据民法典的规定，任何组织或者个人不得以丑化、污损等方式侵害他人的肖像权。网络流行的大量“鬼畜视频”涉及使用名人剧照、影视片段、演出视频等内容，加上“调侃”“戏谑”的剪辑演绎，极易因丑化、贬损名人形象构成侵权。

【法条链接】

《中华人民共和国民法典》第一千零一十九条 任何组织或者个人不得以丑化、污损，或者利用信息技术手段伪造等方式侵害他人的肖像权。未经肖像权人同意，不得制作、使用、公开肖像权人的肖像，但是法律另有规定的除外。

未经肖像权人同意，肖像作品权利人不得以发表、复制、发行、出租、展览等方式使用或者公开肖像权人的肖像。

18. 给网店商家差评算侵权吗？

【案例】

“双十一”时，王某在申某开设的网店订购了一条拼皮裤，在收到货品后，王某发表了买家评论并给出了差评。之后，双方为差评事宜产生了争议，王某又追加评论了不满感受。申某认为王某的评价，影响其商品销售，诉至法院要求王某撤销在网店上的差评，并赔礼道歉。

【法律分析】

根据民法典的规定，民事主体享有名誉权。任何组织或者个人不得以侮辱、诽谤等方式侵害他人的名誉权。网店商家是民事主体，买家评论是对商家信用的社会评价，对于商业信誉具有重要意义。但是，买家有权根据个人购物体验给予评价。只要不是恶意诋毁其商业信誉，一般不能认定为侵权。恶意差评一般有两种：一是来自职业差评师，二是来自同行，目的在于削弱竞争卖家诚信度，以降低商家信誉，侵害商家利益，构成不正当竞争。

本案中，王某根据自身感受及事情的经过，给出差评并追加对商家不利的评论，并未使用侮辱、诽谤的方式，故申某的诉讼请求，不能得到法院支持。

【法条链接】

《中华人民共和国民法典》第一千零二十四条　民事主体享有名誉

权。任何组织或者个人不得以侮辱、诽谤等方式侵害他人的名誉权。

名誉是对民事主体的品德、声望、才能、信用等的社会评价。

19. 以真人真事为原型写小说会造成名誉侵权吗？

【案例】

作家刘某在某晚报上连载其长篇历史纪实小说，文中塑造了三个反面人物，与现实生活中的贾某、丁某、李某的姓名笔画相似、读音相近，甚至以他们三个的外貌、身世、特征进行形象地摹写，使熟悉他们的人一看便能联想到。小说对贾某、丁某、李某的形象进行了丑化描写，在当地引起强烈反响。三人遂联名向法院起诉作家刘某侵犯名誉权，要求停止侵害、赔礼道歉，并赔偿损失。

【法律分析】

本案中，刘某采用影射的手法，在历史小说中诽谤现实人物，构成侵权，应当承担侵害名誉权的责任。同时，经再三抗议，该晚报仍继续刊载对三个原告有丑化描写的内容，具有间接故意，同样应当承担侵权责任。

未经当事人同意，以真人真事为原型，写小说、报告文学、评论性杂文等不同题材的文章，所涉内容的“度”和“分寸”的把握很重要。尤其是针对社会上有一定知名度的人，披露当事人不愿为他人所知的生活细节、社会关系等，容易侵犯其隐私权。如对当事人进行侮辱、诽谤，轻则构成名誉侵权；重则触犯刑法，要承担刑事责任。

【法条链接】

《中华人民共和国民法典》第一千零二十四条　民事主体享有名誉权。任何组织或者个人不得以侮辱、诽谤等方式侵害他人的名誉权。

名誉是对民事主体的品德、声望、才能、信用等的社会评价。

民法典·婚姻家庭编

“清官”巧断家务事

 1. 婚姻关系存续期间能要求分割共同财产吗？ 

【案例】

梅某是一家酒店的服务员，后来跟掌勺的大师傅高某好上了。结婚后小两口寻思给别人干，不如自己创业。于是他俩一起辞去工作，拿出几年来的积蓄，又从亲戚朋友那里借了一些钱，在繁华地段开了一家酒店。夫妻俩不辞辛苦，起早贪黑，几年下来，酒店的生意红火起来。不幸的是，梅某突然被查出得了白血病，花光了家里的积蓄。为了医治，需要进行骨髓移植，梅某的亲属希望高某把酒店卖了给妻子看病。为经营这家酒店，高某付出太多心血，因而始终犹豫不肯点头。病危的梅某只得向法院起诉要求分割夫妻共同财产，筹措医疗费。

【法律分析】

民法典明确规定，婚姻关系存续期间，一方负有法定扶养义务的人患重大疾病需要医治，另一方不同意支付相关医疗费用的，夫妻一方可以请求分割夫妻共同财产。本案中，酒店是梅某和高某在夫妻关系存续期间共同经营的财产，作为家庭共同财产的一方，梅某为治疗自身疾病主张分割家庭财产，理所应当。

【法条链接】

《中华人民共和国民法典》第一千零六十六条 婚姻关系存续期间，

有下列情形之一的，夫妻一方可以向人民法院请求分割共同财产：

（一）一方有隐藏、转移、变卖、毁损、挥霍夫妻共同财产或者伪造夫妻共同债务等严重损害夫妻共同财产利益的行为；

（二）一方负有法定扶养义务的人患重大疾病需要医治，另一方不同意支付相关医疗费用。

2. 新人闹离婚，能说离就离吗？

【案例】

年前苏某与李某领了结婚证，等到开春的黄道吉日，他们广发喜帖预订在某酒店办婚宴。谁知就在苏某大喜之日当天，亲朋好友觥筹交错庆贺祝福之时，酒店竟同时接待了办丧宴。治丧方在殡仪馆与死者告别后，在酒店聚集吃丧宴，他们虽然没有披麻戴孝，但都身穿黑衣，戴白花，神情哀戚。因婚宴中出现这样的“忌讳”，新娘李某的爷爷气得一病不起。李某懊恼不已，埋怨苏某办事不周，闹着要跟苏某离婚。这对新人能说离就离吗？

【法律分析】

在传统习俗观念里，喜宴撞上丧宴难免晦气，但是苏某和李某刚领结婚证不久，新婚燕尔，不存在感情破裂，李某若因此要与苏某离婚，难免不是一时冲动。民法典规定了离婚冷静期，如果这对新人要协议离婚，需要经过三十天离婚冷静期，如果要起诉离婚，没有法定离婚情形，法院一般会判决不准离婚。

【法条链接】

《中华人民共和国民法典》第一千零七十七条　自婚姻登记机关收

到离婚登记申请之日起三十日内，任何一方不愿意离婚的，可以向婚姻登记机关撤回离婚登记申请。

前款规定期限届满后三十日内，双方应当亲自到婚姻登记机关申请发给离婚证；未申请的，视为撤回离婚登记申请。

《中华人民共和国民法典》第一千零七十九条 夫妻一方要求离婚的，可以由有关组织进行调解或者直接向人民法院提起离婚诉讼。

人民法院审理离婚案件，应当进行调解；如果感情确已破裂，调解无效的，应当准予离婚。

有下列情形之一，调解无效的，应当准予离婚：

（一）重婚或者与他人同居；

（二）实施家庭暴力或者虐待、遗弃家庭成员；

（三）有赌博、吸毒等恶习屡教不改；

（四）因感情不和分居满二年；

（五）其他导致夫妻感情破裂的情形。

一方被宣告失踪，另一方提起离婚诉讼的，应当准予离婚。

经人民法院判决不准离婚后，双方又分居满一年，一方再次提起离婚诉讼的，应当准予离婚。

3. 丈夫欠下大额网贷，妻子要还吗？

【案例】

胡某到银行取钱时发现工资卡被法院冻结，去了法院才知道，前夫在离婚前曾三次通过互联网消费信贷，举债10万元，逾期未还，信贷公司起诉到法院，法院判

决胡某与前夫共同承担债务，胡某觉得冤枉！两年前，前夫因嫖娼被治安处罚，夫妻感情破裂。不久，在单位领导的见证下，两人签订了离婚协议，开始分居。分居期间，丈夫与他人以夫妻名义同居，三张欠条中有两张都是在这期间发生的，且所借钱款未用于共同生活开支。这笔债务，胡某有义务共同偿还吗？

【法律分析】

近年来，夫妻债务如何认定一直是热点话题。民法典婚姻家庭编引入夫妻“共债共签”原则，明确共同债务与个人债务的判断标准：举债是否出于共同意思表示，是否为了满足家庭日常生活需要。至于超出家庭日常生活需要的债务，如果能证明债务用于家庭共同生活、共同生产经营，也属于共同债务。本案中，胡某的前夫在他们分居期间，通过网络消费信贷举债10万元，既没有告知胡某，征得她的同意，更没有将这笔钱用于他们共同生活开支，因此胡某对这笔债务不负偿还义务。

【法条链接】

《中华人民共和国民法典》第一千零六十四条 夫妻双方共同签名或者夫妻一方事后追认等共同意思表示所负的债务，以及夫妻一方在婚姻关系存续期间以个人名义为家庭日常生活需要所负的债务，属于夫妻共同债务。

夫妻一方在婚姻关系存续期间以个人名义超出家庭日常生活需要所负的债务，不属于夫妻共同债务；但是，债权人能够证明该债务用于夫妻共同生活、共同生产经营或者基于夫妻双方共同意思表示的除外。

4. 被拐卖后被迫登记结婚能撤销吗？

【案例】

梅某高中没毕业就辍学了，瞒着父母想去广东，投靠在那里开服装店的姑妈。在火车站转站时，被人以帮助介绍工作为名，拐骗至某市城乡接合部的出租屋内，和一伙年轻农村妇女一起被安排做“穿珠子”“包装茶叶”等工作，而后又被所谓“老板”以外出进货为名拐骗到偏僻农村，卖给了当地老光棍当媳妇。梅某被胁迫办理了结婚登记，两年后才瞅准机会逃了出来。她能解除那段婚姻，重新开始正常的生活吗？

【法律分析】

民法典明确规定，因胁迫结婚的，受胁迫的一方可以向人民法院请求撤销婚姻。这里讲的“受胁迫”是指本人或者近亲属的生命、健康、财产等方面受到要挟，迫使其违背真实意愿履行结婚登记的情况。因受胁迫结婚的，法律将撤销婚姻的请求权赋予受胁迫一方的当事人本人，由她来决定是否行使该项权利。梅某被拐卖，被迫与他人登记结婚，属于可撤销婚姻，但是需要注意申请撤销是有期限的，应当自恢复人身自由之日起一年内提出。

【法条链接】

《中华人民共和国民法典》第一千零五十二条 因胁迫结婚的，受胁迫的一方可以向人民法院请求撤销婚姻。

请求撤销婚姻的，应当自胁迫行为终止之日起一年内提出。

被非法限制人身自由的当事人请求撤销婚姻的，应当自恢复人身自由之日起一年内提出。

5. 收养的孩子成年后不孝，能要求她尽赡养义务吗？

【案例】

苏某在某长途汽车站收养了一名被遗弃的女婴（办理了收养登记），起名苏小某。苏某待苏小某如亲生女儿，将其养大，供其上学至大学毕业，并为其安排工作。可是苏小某一直嫌弃自己是“车站弃婴”的出身，而养母苏某却始终将此事挂在嘴边，家里的三姑六婆也总是提醒她，要知恩图报不要做“白眼狼”，为此，苏小某苦恼不已。苏小某长大后，感情逐渐与养母疏离，放弃了养母托人给她找的工作，远嫁他乡，很少回家。苏某年事已高，没有生活来源，总觉得苏小某不应该忘记自己的养育之恩，曾多次要求苏小某承担赡养义务，苏小某避而不谈。苏小某对养母有赡养义务吗？

【法律分析】

民法典用专章规定了收养制度。收养在法律上形成拟制的亲子关系，因此收养人与被收养人之间又称为法定血亲或拟制血亲。收养行为是一种设定和变更民事权利义务的重要法律行为，它涉及对未成年人的抚养教育、对老年人的赡养扶助以及财产继承等一系列民事法律关系。苏小某被亲生父母抛弃在汽车站，幸运地被苏某收养长大。自收养关系成立之日起，形成养父母与养子女间的权利义务关系，等同于父母子女的关系。苏某有法定义务抚养苏小某长大，苏小某也要在苏某年老时尽赡养义务。即便她们关系恶化，因无法共同生活解除收养关系，成年后的苏小某依然需要对缺乏劳动能力又缺乏生活来源的养母，给付赡养费。

【法条链接】

《中华人民共和国民法典》第一千一百一十一条 自收养关系成立之日起，养父母与养子女间的权利义务关系，适用本法关于父母子女关系的规定；养子女与养父母的近亲属间的权利义务关系，适用本法关于子女与父母的近亲属关系的规定。

养子女与生父母以及其他近亲属间的权利义务关系，因收养关系的成立而消除。

《中华人民共和国民法典》第一千一百一十八条 收养关系解除后，经养父母抚养的成年养子女，对缺乏劳动能力又缺乏生活来源的养父母，应当给付生活费。因养子女成年后虐待、遗弃养父母而解除收养关系的，养父母可以要求养子女补偿收养期间支出的抚养费。

生父母要求解除收养关系的，养父母可以要求生父母适当补偿收养期间支出的抚养费；但是，因养父母虐待、遗弃养子女而解除收养关系的除外。

6. 外祖父母有权行使探望权吗？

【案例】

老周的独生女儿周某因产后抑郁猝死，而就在事发前半个月，周某刚与结婚不到两年的丈夫陈某协议离婚，那时儿子周小某出生还不满一周岁。在离婚协议中双方约定，周小某的抚养权归周某所有。周某骤然离世，给老周夫妇带来致命打击，他们

把生活的希望全寄托到了外孙周小某身上。

在周某离世一个月后，陈某提出让他来抚养照顾周小某。老周夫妇考虑自身的身体条件，也怜惜孩子小小年纪没了母亲，不能再缺失父爱，便同意将周小某送回陈某处抚养。但让老周夫妇没有想到的是，此后当他们前往看望周小某时，却遭到了陈某一家的阻拦，两家人还为此发生争执，甚至引发肢体冲突。老周夫妇向法院起诉要求行使探望权。

【法律分析】

民法典规定，不直接抚养子女的父亲或母亲，有探望子女的权利，另一方有协助的义务。但对隔代探望权的法律保障，民法典没有明确规定。民法典虽然没有明确隔代探望权，但也并没有禁止近亲属行使探望的权利。本案中，老周夫妇唯一的女儿去世，给两位老人的身心带来巨大伤害。老周夫妇是周小某的外祖父母，彼此之间有血缘上的联系。探望第三代不仅能使“失独”老人获得精神慰藉，抚平失去亲人的心理创伤，也能将周小某因失去母爱关怀而受到的影响降到最低，有利于孩子良好人格的培养，有利于孩子健康成长。

据此，法院根据本案实际情况，综合考虑周小某的年龄及生活状况等因素，确定老周夫妇可在每月隔周的周六上午至周小某的住处进行探望，陈某应予以协助。同时，法院指出，探望过程中，老周夫妇与陈某应加强沟通，遇事相互协商，避免发生矛盾影响周小某的正常生活及健康成长。

【法条链接】

《中华人民共和国民法典》第一千零八十六条　离婚后，不直接抚养子女的父或者母，有探望子女的权利，另一方有协助的义务。

行使探望权利的方式、时间由当事人协议；协议不成的，由人民法院判决。

父或者母探望子女，不利于子女身心健康的，由人民法院依法中止探望；中止的事由消失后，应当恢复探望。

7. 上大学了还能向父母要抚养费吗？

【案例】

夏某和李某因夫妻感情不和离婚，双方在协议离婚时约定，女儿夏小某由女方抚养，男方每月支付抚养费1000元，直到大学毕业为止。但在女儿夏小某上大学后，男方无故不再支付抚养费，夏小某遂起诉要求其父按照约定支付抚养费。已经读大学的夏小某还能再向父亲主张抚养费吗？

【法律分析】

民法典规定，父母不履行抚养义务的，未成年子女或者不能独立生活的成年子女，有要求父母给付抚养费的权利。就读大学的夏小某，已经年满十八岁，成年了，是否属于“不能独立生活的成年子女”，《最高人民法院关于适用〈中华人民共和国民法典〉婚姻家庭编的解释（一）》就此作出了界定，即在校接受高中及其以下学历教育，或者丧失、部分丧失劳动能力等非因主观原因而无法维持正常生活的成年子女。按照该条司法解释的规定，夏小某的父亲已经没有给予抚养费的法定义务了。但是，出于复杂现实原因考虑，民法典对此作出更加人性的设计，规定抚养费“负担费用的多少和期限的长短”，可以由双方父母协议。因此，如果父母离婚时，有协议约定支付抚养费至子女大学毕业时，应当依照协议约定履行。

【法条链接】

《中华人民共和国民法典》第一千零六十七条第一款 父母不履行抚养义务的，未成年子女或者不能独立生活的成年子女，有要求父母给付抚养费的权利。

《中华人民共和国民法典》第一千零八十五条 离婚后，子女由一方直接抚养的，另一方应当负担部分或者全部抚养费。负担费用的多少和期限的长短，由双方协议；协议不成的，由人民法院判决。

前款规定的协议或者判决，不妨碍子女在必要时向父母任何一方提出超过协议或者判决原定数额的合理要求。

8. 离婚后跟谁过，十岁小孩有没有发言权？

【案例】

李某今年十岁，父母因为工作关系两地分居，感情疏远，起诉离婚。为争夺李某的抚养权，父母私下吵得不可开交，在法庭上更是寸步不让。但李某更愿意和母亲一起生活，他的意见法院会重视吗？

【法律分析】

民法典对父母离婚后子女抚养的问题，以孩子的年龄划分界限，遵循三个原则：（1）孩子不满两周岁的，原则上由母亲抚养，除非母亲有恶疾、恶习等不利于孩子成长的因素存在；（2）孩子已满两周岁，父母对谁来抚养有分歧的，由人民法院根据双方的具体情况，按照最有利于未成年子女的原则判决；（3）已满八周岁的子女，应重视孩子想跟谁过的真实意愿。以年龄划分，民法典在保护未成年人权益最大化的同时，也给司法审判机关以明确的审判标准。同时，父母抚养子女的条件基本相同，但孩子跟祖父母或外祖父母经常生活，感情更亲，是父母争取抚养权的加分项。

【法条链接】

《中华人民共和国民法典》第一千零八十四条 父母与子女间的关系，不因父母离婚而消除。离婚后，子女无论由父或者母直接抚养，仍是父母双方的子女。

离婚后，父母对于子女仍有抚养、教育、保护的权利和义务。

离婚后，不满两周岁的子女，以由母亲直接抚养为原则。已满两周岁的子女，父母双方对抚养问题协议不成的，由人民法院根据双方的具体情况，按照最有利于未成年子女的原则判决。子女已满八周岁的，应当尊重其真实意愿。

9. 孩子随母亲姓，父亲有权改回来吗？

【案例】

金某与古某经法院调解离婚，协议约定不满两周岁的儿子由女方（金某）抚养。金某为儿子报户口时，未经古某同意，以“金小某”为姓名，进行了户籍登记。

生父古某发现后，未与金某商量，就到公安机关要求更改孩子的姓氏，公安机关将“金小某”变更为“古小某”。母子俩均不知道姓名变更事宜。孩子从就读幼儿园到小学毕业，一直使用“金小某”的名字，直至十一岁小学毕业那年需要进行学籍核实时，才发现户籍登记的姓氏被变更了。为此，金某以金小某的名义向法院

提起诉讼，要求恢复“金小某”之名。金小某本人表示朋友、同学都叫自己“金小某”，自己已经习惯了“金小某”的名字，希望能够将自己户籍登记的姓名由“古小某”改回“金小某”。

【法律分析】

民法典规定，自然人享有姓名权，有权依法决定、使用、变更或者许可他人使用自己的姓名，但是不得违背公序良俗。本案中，金小某自幼儿园、小学一直使用“金小某”的名字，该姓名已经为老师、亲友及同学熟知，已成为其稳定生活学习环境的重要组成部分，继续使用该姓名，有利于孩子的学习、生活和身心健康。金小某已经年满十一岁，属限制行为能力人，按其年龄和智力水平，已经能够理解姓名的文字含义及社会意义，在选择姓名的问题上具备了一定的判断能力，在涉及切身利益的姓名权问题上应当充分考虑其本人的意见。原告继续使用“金小某”的姓名，不会改变其系金某与古某子女的事实，也不会损害生父、生母及他人的合法权益。最终，法院判决支持将户籍登记姓名由“古小某”变更为“金小某”的诉讼请求。

【法条链接】

《中华人民共和国民法典》第一千零八十四条第一款 父母与子女间的关系，不因父母离婚而消除。离婚后，子女无论由父或者母直接抚养，仍是父母双方的子女。

《中华人民共和国民法典》第一千零一十二条 自然人享有姓名权，有权依法决定、使用、变更或者许可他人使用自己的姓名，但是不得违背公序良俗。

10. 婚后才得知对方隐瞒了重大疾病能反悔吗？

【案例】

在国外留学三年刚毕业归国的林某，在转道新加坡旅游时，结识了来这里出差参加商务谈判的张某。青春靓丽、学识出众的林某，跟顶着“成功人士”光环的张某一见钟情，两人很快相恋，并登记结婚，成为时下流行的闪婚一族。婚后半年，林某才得知张某有家族遗传精神分裂症，且久治不愈，还有性格狂躁和暴力倾向，林某害怕这样的婚姻将来会是一场无妄之灾，她能反悔吗？

【法律分析】

民法典明确规定，一方患有重大疾病的，应当在结婚登记前如实告知另一方；不如实告知的，另一方可以向人民法院请求撤销婚姻。请求撤销婚姻的，应当自知道或者应当知道撤销事由之日起一年内提出。张某婚前患有精神分裂症这一重大疾病，在结婚登记前并未如实告知林某，林某可自知道张某患有精神分裂症之日起一年内向法院请求撤销婚姻。

【法条链接】

《中华人民共和国民法典》第一千零五十三条 一方患有重大疾病的，应当在结婚登记前如实告知另一方；不如实告知的，另一方可以向人民法院请求撤销婚姻。

请求撤销婚姻的，应当自知道或者应当知道撤销事由之日起一年内提出。

11. 表兄妹可以结婚吗？

【案例】

李某从小被做生意的父母，寄养在姑姑家，与表哥王某一起长大，吃在一起，玩在一起，可谓青梅竹马，形影不离。李某多次私下跟闺蜜表示，希望长大后能嫁给表哥。他们表兄妹能结婚吗？

【法律分析】

民法典明确规定，直系血亲或者三代以内的旁系血亲禁止结婚。李某和王某是表兄妹，是三代以内的旁系血亲，不能登记结婚。

直系血亲是指源于同一祖先、具有血缘关系的亲属，分为自然血亲、拟制血亲。自然血亲基于出生而发生。从己身开始计算，父母、祖父母、外祖父母、子女、孙子女、外孙子女等，为直系血亲。拟制血亲包括养父母与养子女、继父母与受其抚养教育的继子女。三代以内的旁系血亲包括：一是同胞的兄弟姐妹以及同父异母或同母异父的兄弟姐妹；二是不同辈的伯叔与侄女、姑与侄子、舅与外甥女、姨与外甥；三是同源于祖父母、外祖父母的辈分相同的堂兄弟姐妹、姑表兄弟姐妹、舅表兄弟姐妹、姨表兄弟姐妹。禁止血亲结婚的原因，一是基于优生优育上的考虑，二是基于传统伦理道德和亲属秩序的维护。

【法条链接】

《中华人民共和国民法典》第一千零四十八条 直系血亲或者三代以内的旁系血亲禁止结婚。

12. 继子女对继父母有赡养义务吗？

【案例】

因父母离婚，六岁的明某，随母亲田某生活。离婚后不久，其母亲认识了杜某，并登记结婚，田某带着明某与杜某组成了新的家庭。明某长大成家后，因车祸丧失劳动能力的杜某要求其履行赡养义务，每月给付500元生活费，但遭到明某的拒绝。明某认为自己每月要支付亲生父亲的生活费，已经尽了赡养义务，自己不可能同时赡养两个父亲。无奈之下，杜某将明某告上了法院。

【法律分析】

民法典中所称的“子女”，包括婚生子女、非婚生子女、养子女和有扶养关系的继子女。继父或者继母和受其抚养教育的继子女间的权利义务关系，适用法律中关于父母子女关系的规定。成年子女不履行赡养义务的，缺乏劳动能力或者生活困难的父母，有要求成年子女给付赡养费的权利。本案中，明某六岁时，即随母亲到继父杜某家共同生活，双方已形成事实上的教育抚养关系。因此，明某应当对继父尽赡养义务。

【法条链接】

《中华人民共和国民法典》第一千零六十七条第二款 成年子女不履行赡养义务的，缺乏劳动能力或者生活困难的父母，有要求成年子女给付赡养费的权利。

13. 因人工受孕身心受损，离婚时能要求补偿吗？

【案例】

沈某和陶某登记结婚后一直无子，后决定采用试管婴儿手术的方式养育子女，但随着手术屡屡失败，两人逐渐出现矛盾且愈演愈烈，沈某遂向人民法院提起诉讼，要求与陶某离婚，并请求分割两人的存款以及双方婚后共同购置的一处房产。案件审理过程中，陶某提出，在两人婚姻存续期间，其曾三次接受试管婴儿手术均受孕失败，这导致其身患严重疾病，精神上受到严重刺激，不得不住院治疗，也正因如此，陶某无法工作，丧失了经济来源。陶某请求法院在分割财产时对其予以照顾，陶某的要求合法吗？

【法律分析】

离婚时，夫妻的共同财产由双方协议处理；协议不成的，由人民法院根据财产的具体情况，按照照顾子女、女方和无过错方权益的原则判决。本案中，陶某作为女方，在与沈某的婚姻关系存续期间，因为试管婴儿手术屡屡失败而身患严重疾病，精神受到严重刺激不得不住院治疗，且没有了经济来源，故人民法院应当依据法律规定，根据陶某的实际情况，对陶某的财产分割予以补偿性照顾。

【法条链接】

《中华人民共和国民法典》第一千零八十八条 夫妻一方因抚育子女、照料老年人、协助另一方工作等负担较多义务的，离婚时有权向另一方请求补偿，另一方应当给予补偿。具体办法由双方协议；协议不成的，由人民法院判决。

《中华人民共和国民法典》第一千零九十条 离婚时，如果一方生活困难，有负担能力的另一方应当给予适当帮助。具体办法由双方协议；协议不成的，由人民法院判决。

14. 收养子女一定要登记吗？

【案例】

胡某与刘某登记结婚后一直没有孩子，于是收养胡小某为养子，但是，一直未到民政部门办理收养登记，虽然也有人对他们提醒此事，但他们并未放在心上。夫妻俩认为胡小某已是他们的孩子了，无需再通过登记手续来证明。他们的想法对吗？

【法律分析】

民法典明确规定，收养应当向县级以上人民政府民政部门登记。收养关系自登记之日起成立。因此，收养关系成立与否不能靠主观认定，而应依法办理登记。胡某、刘某与胡小某的收养关系只有登记之后才能成立，该收养关系才可受法律保护。

【法条链接】

《中华人民共和国民法典》第一千一百零五条 收养应当向县级以上人民政府民政部门登记。收养关系自登记之日起成立。

收养查找不到生父母的未成年人的，办理登记的民政部门应当在登记前予以公告。

收养关系当事人愿意签订收养协议的，可以签订收养协议。

收养关系当事人各方或者一方要求办理收养公证的，应当办理收养公证。

县级以上人民政府民政部门应当依法进行收养评估。

15. 断绝收养关系后，养母有权要求养女补偿吗？

【案例】

高某收养不满两周岁的女孩高小某，并将其辛苦抚养长大。高小某进入青春期后，因性格叛逆，几次被学校勒令退学，高某对其严格要求，不被理解，导致母女间的隔阂越来越深。成年后，高小某独自在外租房居住，偶尔回家母女俩也总是不欢而散，久而久之，养母高某身心俱疲，女儿高小某也倍感压抑。于是，高某向法院提起诉讼，请求解除养母女关系，并要求养女补偿她在收养期间支出的生活费、教育费、医疗费共计8万元。

【法律分析】

养父母与成年养子女关系恶化、无法共同生活的，可以协议解除收养关系。不能达成协议的，可以向人民法院提起诉讼。因养子女成年后虐待、遗弃养父母而解除收养关系的，养父母可以要求养子女补偿收养期间支出的抚养费。案例中，高某和养女高小某因教育问题产生矛盾，并没有及时化解，矛盾积累导致无法共同生活，可以向人民法院提起诉讼要求解除收养关系。养子女对养父母的虐待、遗弃，是构成养父母可以要求养子女补偿收养期间支出费用的前提条件。本案中，没有证据证实高小某对高某构成虐待或遗弃，因此，高某要求补偿收养期间支出费用的请求不能得到支持。

【法条链接】

《中华人民共和国民法典》第一千一百一十八条 收养关系解除后，经养父母抚养的成年养子女，对缺乏劳动能力又缺乏生活来源的养父母，应当给付生活费。因养子女成年后虐待、遗弃养父母而解除收养关系的，养父母可以要求养子女补偿收养期间支出的抚养费。

生父母要求解除收养关系的，养父母可以要求生父母适当补偿收养期间支出的抚养费；但是，因养父母虐待、遗弃养子女而解除收养关系的除外。

16. 不给高额彩礼不让结婚违法吗？

【案例】

彩礼是源远流长的一种嫁娶习俗，但“天价彩礼”的出现却让婚姻变了味。有的父母为了嫁女“解困”，要求男方支付高额彩礼，否则就不让结婚。那么对于索要高额彩礼，法律是如何规定的呢？

【法律分析】

民法典规定，禁止借婚姻索取财物。婚姻当事人一方以索要钱财作为结婚的先决条件，不仅是将婚姻商品化，有违善良风俗，更妨碍了当事人婚姻自由，影响婚后生活。

然而，“彩礼”在我国可谓历史悠长，已经成为民间嫁娶的一种习俗，在短时间内，不可能完全消失，若男女双方因彩礼发生纠纷，根据《最高人民法院关于适用〈中华人民共和国民法典〉婚姻家庭编的解释（一）》的规定，存在以下三种情形的，当事人可以请求返还按照习俗给付的彩礼：（1）双方未办理结婚登记手续；（2）双方办理结婚登记手续但确

未共同生活；（3）婚前给付并导致给付人生活困难。

【法条链接】

《中华人民共和国民法典》第一千零四十二条 禁止包办、买卖婚姻和其他干涉婚姻自由的行为。禁止借婚姻索取财物。

禁止重婚。禁止有配偶者与他人同居。

禁止家庭暴力。禁止家庭成员间的虐待和遗弃。

《最高人民法院关于适用〈中华人民共和国民法典〉婚姻家庭编的解释（一）》第五条 当事人请求返还按照习俗给付的彩礼的，如果查明属于以下情形，人民法院应当予以支持：

（一）双方未办理结婚登记手续；

（二）双方办理结婚登记手续但确未共同生活；

（三）婚前给付并导致给付人生活困难。

适用前款第二项、第三项的规定，应当以双方离婚为条件。

17. 有“黑历史”的男性可以收养小孩吗？

【案例】

王某有严重的重男轻女观念，为了生一个男孩传宗接代，他连续生了四个孩子，个个都是女孩。年初王某在外务工时，在车间里被机器轧伤，导致生活困难，家庭收入无法负担四个孩子的生活，便想将最小的女儿送给他人抚养。同村三十七岁的单身男性单某有意收养王某的女儿，但是他有性侵少女的违法犯罪记录。那么，他能收养小女孩吗？

【法律分析】

民法典在收养法原有条款上放宽了收养条件的同时又增加了收养人

的限制条件，增加了“无不利于被收养人健康成长的违法犯罪记录”的内容，更加有利于被收养人的成长，有力地保障了被收养人的合法权益，并增加规定民政部门应当依法进行收养评估。本案中，单某有性侵少女的违法犯罪记录，不能收养小女孩。

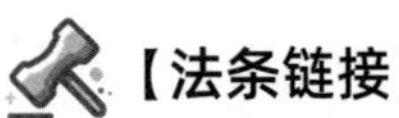

《中华人民共和国民法典》 第一千零九十八条 收养人应当同时具备下列条件：

（一）无子女或者只有一名子女；

（二）有抚养、教育和保护被收养人的能力；

（三）未患有在医学上认为不应当收养子女的疾病；

（四）无不利于被收养人健康成长的违法犯罪记录；

（五）年满三十周岁。

18. 夫妻之间签订忠诚协议是否有效？

【案例】

马某夫妻之间签订了一份忠诚协议，协议约定：“若一方在婚姻存续期间有婚外恋、外遇或与配偶以外的人乱搞暧昧关系，自愿拿出 30 万元作为对另一方的精神补偿费。”夫妻之间的忠诚协议是否有效？

【法律分析】

根据民法典的规定，夫妻应当互相忠实，互相尊重，互相关爱，塑造平等、和睦、文明的婚姻家庭关系。夫妻之间签订的忠诚协议建立在

平等、自愿、合法的基础上，属于双方真实意思表示且不违反法律，不违背公序良俗，同时不损害国家利益、社会公共利益或者他人合法权益的，应认定为合法有效。

【法条链接】

《中华人民共和国民法典》第一千零四十三条 家庭应当树立优良家风，弘扬家庭美德，重视家庭文明建设。

夫妻应当互相忠实，互相尊重，互相关爱；家庭成员应当敬老爱幼，互相帮助，维护平等、和睦、文明的婚姻家庭关系。

19. 分手后一方能否索要“青春损失费”？

【案例】

李某和陈某原本是一对恋人，但经常因一些琐事吵架，双方无法继续交往下去，李某于是正式向陈某提出了分手。陈某不同意分手，经常到李某的家里及单位纠缠不休。一天晚上，陈某又找到李某，并将李某带回公寓，请求不要分手。但李某分手决心已定，于是陈某提出：“硬是要分的话也可以，必须给我8万元青春损失费，否则别想分手。”李某在万般无奈之下，只得给陈某出具了一张欠条，内容为“今欠陈某8万元，分八年付清，每年国庆节期间付款1万元”。拿到欠条后，陈某、李某各自回家，之后，陈某多次向李某索要“青春损失费”无果，一纸诉状将李某起诉到法院，请求法院判决由李某支付欠款。

【法律分析】

法院判决认为：陈某据以起诉李某的欠条不具有真实的对价关系，即双方之间根本不存在真实的借贷关系。欠条的实质是，当李某提出与陈某解除恋爱关系后，陈某强行让李某出具赔偿青春损失费，进而解除恋爱关系的协议。依据民法典的规定，“青春损失费”的约定有违公序良俗的原则，因此，当事人之间的约定是无效的，不受法律保护。据此，法院判决驳回陈某的诉讼请求。

【法条链接】

《中华人民共和国民法典》第八条 民事主体从事民事活动，不得违反法律，不得违背公序良俗。

《中华人民共和国民法典》第一百五十三条 违反法律、行政法规的强制性规定的民事法律行为无效。但是，该强制性规定不导致该民事法律行为无效的除外。

违背公序良俗的民事法律行为无效。

20. 妻子擅自堕胎，丈夫能要求赔偿吗？

【案例】

孕妇王某向法院起诉离婚。法院受理此案后，王某未征得丈夫张某同意，即到医院进行了堕胎手术。张某得知情况后，向法院提起反诉，称原告王某擅自堕胎，给其造成了精神痛苦，要求王某赔偿其精神损失费1万元。张某的诉讼请求成立吗？

【法律分析】

女方有生育的权利，也有不生育的自由。如果夫妻双方就是否生育发生冲突，应相互沟通协商。妻子单方面决定终止妊娠，不构成对丈夫生育

权的侵害，丈夫不能向妻子请求损害赔偿。夫妻双方因是否生育发生纠纷，致使感情确已破裂，一方请求离婚的，人民法院经调解无效，应准予离婚。

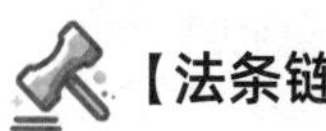

【法条链接】

《最高人民法院关于适用〈中华人民共和国民法典〉婚姻家庭编的解释（一）》第二十三条 夫以妻擅自中止妊娠侵犯其生育权为由请求损害赔偿的，人民法院不予支持；夫妻双方因是否生育发生纠纷，致使感情确已破裂，一方请求离婚的，人民法院经调解无效，应依照民法典第一千零七十九条第三款第五项的规定处理。

21. 能强迫妻子做全职太太吗？

【案例】

明某是公司的销售总监，经常需要出差和应酬，和李某结婚后，他希望李某辞掉工作，全力照顾家庭，把家里的饮食起居打理好就行，还对李某说，他负责挣钱养家，她负责貌美如花就行。可李某的事业也有了起色，年初刚升职，她不希望脱离社会，回归家庭，过着围绕锅碗瓢盆转的主妇生活。明某能强迫李某做一名全职太太吗？

【法律分析】

夫妻双方都有参加生产、工作、学习和社会活动的自由，一方不得对另一方加以限制或者干涉。夫妻在婚姻家庭中地位平等，不是一种依附或者领导的关系。男方不能限制或干涉女方参加生产、工作、学习和社会活动的自由，同样，男方的相关权利也应该得到女方的尊重。因此，明某应当尊重李某的选择，无权强迫她放弃事业做全职太太。

【法条链接】

《中华人民共和国民法典》第一千零五十七条 夫妻双方都有参加生

产、工作、学习和社会活动的自由，一方不得对另一方加以限制或者干涉。

22. 离婚可以分割住房公积金和养老保险金吗？

【案例】

刘某和妻子因感情破裂向法院起诉离婚，在分割家庭共同财产时，妻子要求分割丈夫的住房公积金和养老保险金。刘某觉得住房公积金和养老保险金属于个人财产，妻子的要求不可理喻。妻子可以要求分割丈夫的住房公积金和养老保险金吗？

【法律分析】

根据民法典及其司法解释规定，住房公积金属于夫妻存续期间的共同财产，在离婚时妻子可以要求分割。而养老保险金依据相关司法解释的规定，离婚时丈夫尚未退休、不符合领取养老保险金条件的，请求分割养老保险金得不到法院的支持；婚后以夫妻共同财产缴付养老保险，离婚时可以要求分割丈夫养老金账户中婚姻关系存续期间个人实缴部分。

【法条链接】

《中华人民共和国民法典》第一千零六十二条 夫妻在婚姻关系存续期间所得的下列财产，为夫妻的共同财产，归夫妻共同所有：

（一）工资、奖金、劳务报酬；

（二）生产、经营、投资的收益；

（三）知识产权的收益；

（四）继承或者受赠的财产，但是本法第一千零六十三条第三项规定的除外；

（五）其他应当归共同所有的财产。

夫妻对共同财产，有平等的处理权。

《最高人民法院关于适用〈中华人民共和国民法典〉婚姻家庭编的解释（一）》第二十五条 婚姻关系存续期间，下列财产属于民法典第一千零六十二条规定的“其他应当归共同所有的财产”：

（一）一方以个人财产投资取得的收益；

（二）男女双方实际取得或者应当取得的住房补贴、住房公积金；

（三）男女双方实际取得或者应当取得的基本养老金、破产安置补偿费。

23. 丈夫想做亲子鉴定，妻子能拒绝吗？

【案例】

罗某和金某经相亲相识时，都已是“剩男”“剩女”了。两人相处时间不长，就决定结婚，原因也是“年纪大了”。

结婚两年，金某一直没怀上孩子，他们一起去医院检查。检查结果显示，问题出在罗某身上。医生说，若想要孩子，罗某必须接受治疗。罗某开始治疗，不过由于工作太忙，作息时间经常与妻子不一致，但是没想到半年后妻子居然怀上了。罗某在高兴之余，心里也难免犯嘀咕：“按照时间推算，好像不可能呀？！”

孩子出生后金某经常借故与罗某吵架，几个月后，她带着儿子回了娘家，之后的三年，夫妻之间沟通越来越少。金某拒绝让罗某和儿子多接触，罗某曾多次质疑儿子与自己的血缘关系，遭到金某家人的围攻，夫妻关系越发紧张，金某向法院起诉离婚，并要求将儿子判给自己，丈夫承担抚养费。庭审中，丈夫要求做亲子鉴定，妻子有权拒绝吗？

【法律分析】

按照民法典及司法解释规定，如果丈夫罗某已经提供必要证据证明，孩子可能不是自己亲生的，而金某依旧拒绝做亲子鉴定，那么法院可能支持罗某的主张成立，推定孩子与罗某之间不存在亲子关系，这种推定对孩子是不是罗某亲生，没有作出“是”与“不是”的事实判断。

子女对父母而言，意义非凡。通常情况下，因为亲子鉴定涉及身份关系，法律上以双方自愿为原则。妻子可以拒绝丈夫给孩子做亲子鉴定。但是，如果夫妻一方对亲子关系有异议且有正当理由的话，可以向人民法院提起诉讼，请求确认或者否认亲子关系。父或者母向人民法院起诉请求否认亲子关系，并已提供必要证据予以证明，另一方没有相反证据又拒绝做亲子鉴定的，人民法院可以认定否认亲子关系一方的主张成立。

【法条链接】

《中华人民共和国民法典》第一千零七十三条 对亲子关系有异议且有正当理由的，父或者母可以向人民法院提起诉讼，请求确认或者否认亲子关系。

对亲子关系有异议且有正当理由的，成年子女可以向人民法院提起诉讼，请求确认亲子关系。

《最高人民法院关于适用〈中华人民共和国民法典〉婚姻家庭编的解释（一）》第三十九条 父或者母向人民法院起诉请求否认亲子关系，并已提供必要证据予以证明，另一方没有相反证据又拒绝做亲子鉴定的，人民法院可以认定否认亲子关系一方的主张成立。

父或者母以及成年子女起诉请求确认亲子关系，并提供必要证据予以证明，另一方没有相反证据又拒绝做亲子鉴定的，人民法院可以认定确认亲子关系一方的主张成立。

民法典·继承编

财富继承与家风传承

1. 城里人能否继承农村的四合院？

【案例】

王家村地处江南，风景秀丽，村民王某在宅基地上修建了一座别致的四合院。王某年轻时在部队服役，有一位过命之交的战友陈某，陈某居住在省城，因病已经过世，他的儿子陈小某上大学了，经常来看望王某。陈小某很关心王某的身体，同时也很喜欢风景秀美的王家村，那是他向往的“田园牧歌”。他经常在那里拍摄反映农村田园生活的短视频，分享到自媒体平台，获得很多粉丝点赞。王某想订立遗嘱，将四合院在其去世后赠与陈小某。那么，陈小某可以继承王某的四合院吗？

【法律分析】

民法典规定，自然人可以订立遗嘱将个人合法财产赠与国家、集体或者法定继承人以外的组织、个人，即遗赠制度。但是宅基地使用权具有强烈的人身依附性，其设定是为了给农民基本的生活资料和生活保障，实现居者有其屋的目的。因此，为了避免农村宅基地资源的流失，不具有本村集体组织成员身份的非亲缘关系人，不得通过遗赠的方式取得农村房屋的所有权和宅基地使用权。因此，王某不能通过遗赠方式将四合院赠与陈小某，不过他可以通过遗嘱方式为陈小某设置居住权。设立居住权的，应当向登记机构申请居住权登记。居住权自登记时设立。

【法条链接】

《中华人民共和国民法典》第一千一百二十二条 遗产是自然人死亡时遗留的个人合法财产。

依照法律规定或者根据其性质不得继承的遗产，不得继承。

2. 爷爷立的打印遗嘱有效吗？

【案例】

明小某的爷爷是个超级游戏玩家，他在许多款网络游戏中拥有诸多神级装备。明小某是爷爷最疼爱的大孙子，学习之余也爱玩游戏，只要不影响学习，长辈对他玩游戏态度比较宽容。爷爷曾向明小某许诺，他若考上重点大学，将来他名下几款游戏的神级装备和拥有的比特币，在去世之后都由明小某继承，并通过电子文档立了内容为“游戏中的装备以及拥有的比特币在去世后均由大孙子明小某继承”的遗嘱，随后打印成纸质文件，让两位朋友作为见证人在打印遗嘱的每一页签名，注明年、月、日。爷爷立的打印遗嘱有效吗？

【法律分析】

明小某的爷爷可以将个人合法财产，包括网络虚拟财产，通过立遗嘱的方式确立继承。打印遗嘱和录像遗嘱是民法典继承编新增的两种遗嘱法定形式，它使权利人订立遗嘱的方式更加灵活多样、高效便捷。根据民法典规定，打印遗嘱应当有两个以上见证人在场见证。遗嘱人和见证人应当在遗嘱每一页签名，注明年、月、日。本案中，明小某的爷爷订立的遗嘱方式符合法律规定，因此是有效的。

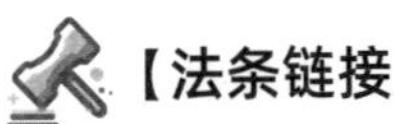

【法条链接】

《中华人民共和国民法典》第一千一百三十六条 打印遗嘱应当有两个以上见证人在场见证。遗嘱人和见证人应当在遗嘱每一页签名，注明年、月、日。

3. 丈夫能让私生女继承亡妻遗产吗？

【案例】

孙某和妻子李某结婚后，勤劳致富，几年下来在市区买下三套房子。遗憾的是夫妻俩婚后一直没有生育子女，遂领养了一个出生不久的女孩。几年后，孙某婚内出轨，并生育一女。面对丈夫的背叛，李某悲痛至极，经常以泪洗面。

李某后来被确诊患尿毒症，半年后医治无效去世，临终前她表示将名下房产全部由养女继承。丈夫孙某认为养女与自己没有血缘关系，他认为他们的房产应当由亲生女儿继承，而不是把辛苦攒下的家业给“外人”，为此产生了继承纠纷，养女向法院起诉孙某，请求依法继承李某的遗产，私生女不是李某的法定继承人，无权继承她的财产。

【法律分析】

民法典明确了非婚生子女和养子女都有继承父母财产的权利。我国现行法律确认的拟制血亲有两类：一是养父母与养子女以及养子女与养父母的其他近亲属；二是在事实上形成了扶养关系的继父母与继子女、继兄弟姐妹。养女有继承李某遗产的权利。李某生前对孙某出轨一事深恶痛绝，她因身体原因没有抚养私生女的能力，也没有抚养私生女的意愿，

因此私生女与李某之间并没有形成继父母与继子女之间的扶养关系，不可能形成法律上的继子女关系。孙某违背夫妻之间忠实义务，在婚内与她人生育子女，对李某造成极大伤害，亦损害社会公序良俗。因此，私生女不能认定是李某的法定继承人，不具有继承李某遗产的资格。属于李某的遗产应由养女来继承。

【法条链接】

《中华人民共和国民法典》第一千一百二十七条 遗产按照下列顺序继承：

（一）第一顺序：配偶、子女、父母；

（二）第二顺序：兄弟姐妹、祖父母、外祖父母。

继承开始后，由第一顺序继承人继承，第二顺序继承人不继承；没有第一顺序继承人继承的，由第二顺序继承人继承。

本编所称子女，包括婚生子女、非婚生子女、养子女和有扶养关系的继子女。

本编所称父母，包括生父母、养父母和有扶养关系的继父母。

本编所称兄弟姐妹，包括同父母的兄弟姐妹、同父异母或者同母异父的兄弟姐妹、养兄弟姐妹、有扶养关系的继兄弟姐妹。

4. 离家出走的妻子是否有权继承丈夫遗产？

【案例】

周某与蔡某结婚后生育一女蔡某甲、一子蔡某乙。五年后，周某带着蔡某甲离家出走，十几年音信杳无。年初蔡某因交通事故死亡，生前未留有遗嘱。在周某离开期间，蔡某独自

抚养儿子蔡某乙，在郊区开设一家旅馆，在乡村旅游兴盛的当下，生意很不错，因此攒下了百万家产。蔡某尸骨未寒，周某、蔡某甲突然跑回来争夺遗产。离家出走的妻子是否有权继承丈夫遗产？

【法律分析】

民法典规定，遗弃被继承人，没有悔改，没有得到被继承人宽恕的，丧失继承权。周某与蔡某存在婚姻关系，周某作为蔡某的配偶，本应依法享有继承权。但是，周某带着蔡某甲离家出走十几年，直至蔡某去世才回来，蔡某独自抚养蔡某乙直至其成年。周某作为妻子，作为母亲，未尽到夫妻之间的扶助义务，亦未对蔡某乙尽到抚养照顾义务，对家庭更无任何贡献。周某在离家期间还与他人长期同居生活，给蔡某和蔡某乙精神上造成严重的伤害，其行为系长期遗弃被继承人及家庭。同时，周某回来后不久即因财产继承问题与蔡某乙产生纠纷，其回来的目的并非为了与家庭成员团聚和履行家庭义务。故综合考虑以上情节，法院判定周某无权继承蔡某的遗产。蔡某甲在年幼时被母亲周某带离家庭，未能与父亲共同生活，主观上并无过错。但是，鉴于蔡某甲未对父亲和弟弟尽到陪伴照顾义务，应适当降低其遗产继承比例，酌定蔡某甲与蔡某乙按照3∶7的比例分割蔡某的遗产。

【法条链接】

《中华人民共和国民法典》第一千一百二十五条 继承人有下列行为之一的，丧失继承权：

（一）故意杀害被继承人；

（二）为争夺遗产而杀害其他继承人；

（三）遗弃被继承人，或者虐待被继承人情节严重；

（四）伪造、篡改、隐匿或者销毁遗嘱，情节严重；

（五）以欺诈、胁迫手段迫使或者妨碍被继承人设立、变更或者撤回遗嘱，情节严重。

继承人有前款第三项至第五项行为，确有悔改表现，被继承人表示宽恕或者事后在遗嘱中将其列为继承人的，该继承人不丧失继承权。

受遗赠人有本条第一款规定行为的，丧失受遗赠权。

5. 遭遇山体滑坡夫妻同时遇难，相互发生继承吗？

【案例】

贾某夫妻利用假期时间去景区度假，却不幸遭暴雨引发山体滑坡，他们下榻的旅馆被泥沙掩埋，夫妻两人同时遇难，他们的遗产相互发生继承吗？

【法律分析】

两个以上有相互继承关系的人在同一事件中死亡，如果不能确定死亡的先后顺序，就无法确定继承怎样进行。因此，法律为了解决这种情形下的继承问题必须推定死亡顺序。民法典明确规定，相互有继承关系的数人在同一事件中死亡，难以确定死亡时间的，推定没有其他继承人的人先死亡。都有其他继承人，辈份相同的，推定同时死亡，相互不发生继承。因此，贾某夫妻俩，辈份相同，则推定他们同时死亡，依照法律规定他们相互不发生继承，遗产分别由其各自继承人继承。

【法条链接】

《中华人民共和国民法典》第一千一百二十一条 继承从被继承人死亡时开始。

相互有继承关系的数人在同一事件中死亡，难以确定死亡时间的，推定没有其他继承人的人先死亡。都有其他继承人，辈份不同的，推定长辈先死亡；辈份相同的，推定同时死亡，相互不发生继承。

6. 打印遗嘱有效吗？

【案例】

前几年，某市审理了一起继承权纠纷，对同一份电脑打印的遗嘱，一审法院、二审法院作出了不同的判决结果。该份打印遗嘱是一位李姓老人所留。老人与前妻有两个子女，老伴过世后，他又再婚，再婚期间买了一套房。在老人遗留的打印遗嘱中，老人将这套房子的一半，以及社会保险部门结算的费用，都留给了续娶的妻子。遗嘱的签名处，老人写了自己的名字并按了手印。老人因病死亡后，其继妻提起诉讼，要求按照遗嘱继承房产。但是老人的两个子女不同意，认为遗嘱不真实，是受继母胁迫所写，不具有法律效力；房子是父亲一人出资购买的，作为遗产应依照法定继承，按份额划分。

【法律分析】

该案的焦点在于如何界定打印遗嘱，打印遗嘱是不是自书遗嘱，有没有法律效力。随着电脑的普及，不少老人开始使用打印遗嘱。原继承法并没有明确打印遗嘱的法律效力。民法典继承编补上了这一空白点，除自书遗嘱、代书遗嘱、录音遗嘱、口头遗嘱之外，将打印遗嘱、录像遗嘱也列入遗嘱的形式中，并对打印遗嘱的构成要件作出了要求。按照民法典规定，打印遗嘱应当有两个以上见证人在场见证。遗嘱人和见证人应当在遗嘱每一页签名，注明年、月、日。

【法条链接】

《中华人民共和国民法典》第一千一百三十六条 打印遗嘱应当有两个以上见证人在场见证。遗嘱人和见证人应当在遗嘱每一页签名，注明年、月、日。

7. 死亡赔偿金是遗产吗？

【案例】

钱某在出游中不幸遭遇车祸当场死亡。事后，承保肇事车辆的保险公司与钱某的丈夫陆某达成赔偿协议，赔偿陆某及他们的儿子陆小某死亡赔偿金、丧葬费、精神损害抚慰金，共计57万元。钱某的父亲得知后，多次找陆某协商，要求三人均分这笔钱，但陆某却认为这赔偿款是钱某的遗产，其中一半归配偶，另一半三人均分。钱父不同意赔偿款分配方案，起诉至法院。

【法律分析】

民法典规定，遗产是自然人死亡时遗留的个人合法财产。死亡赔偿金是受害人死亡之后才产生的，是对受害人近亲属因受害人死亡而导致的生活资源减少、丧失的补偿，兼具经济补偿和精神抚慰性质，而不是对死者的补偿，不属于死者遗产范围，其赔偿权利人为受害人的近亲属。本案中，原告系钱某的父亲，陆某系钱某的配偶，连同陆某的儿子，三人均为钱某死亡的赔偿权利人。钱某虽不与父亲共同居住生活，但父母、配偶、子女之间的亲属关系本无亲疏远近之分。因此，因钱某死亡获得的赔偿金，扣除丧葬费后，应当由三人均分。

【法条链接】

《中华人民共和国民法典》第一千一百二十二条 遗产是自然人死亡时遗留的个人合法财产。

依照法律规定或者根据其性质不得继承的遗产，不得继承。

《中华人民共和国民法典》第一千零四十五条 亲属包括配偶、血亲和姻亲。

配偶、父母、子女、兄弟姐妹、祖父母、外祖父母、孙子女、外孙子女为近亲属。

配偶、父母、子女和其他共同生活的近亲属为家庭成员。

8. 放弃继承权，可以不赡养父母吗？

【案例】

马小某是马某夫妇的小儿子，他从小因顽劣闯祸，没少受父母责罚、冷落。长大后，耿耿于怀的他一直跟父母强调：“将来我不要你们留的东西，给我哥、我姐，你们老了，让他们来养你们，不要找我。”他直白的话，让父母很伤心。马小某能以放弃继承权为由，不赡养父母吗？

【法律分析】

享有继承权与履行赡养义务之间没有对应关系。子女放弃继承权，赡养义务仍然存在。根据民法典的规定，赡养父母是子女的法定义务，既不能以任何理由拒绝履行，也不能对履行赡养义务附加任何条件。成

年子女不履行赡养义务的，缺乏劳动能力或者生活困难的父母，有要求成年子女给付赡养费的权利。

【法条链接】

《中华人民共和国民法典》第一千零六十七条 父母不履行抚养义务的，未成年子女或者不能独立生活的成年子女，有要求父母给付抚养费的权利。

成年子女不履行赡养义务的，缺乏劳动能力或者生活困难的父母，有要求成年子女给付赡养费的权利。

9. 私生子有继承权吗？

【案例】

罗某的丈夫李某出车祸去世后，他的私生子突然出现，要与罗某争夺李某留下的房产。罗某一时间难以接受，不愿意将丈夫的遗产分给私生子。私生子有继承权吗？

【法律分析】

“私生子”是一种民间称谓，法律上把“私生子”称为非婚生子女。非婚生子女是男女双方在不具备合法婚姻关系时所生的子女，但由于天然的血缘关系，且根据民法典的规定，非婚生子女享有与婚生子女同等的权利，任何组织或者个人不得加以危害和歧视。因此，私生子也有继承权，即使罗某不愿意，也要按法律规定将李某的遗产分给与他有血缘关系的非婚生子女。

【法条链接】

《中华人民共和国民法典》第一千零七十一条 非婚生子女享有与

婚生子女同等的权利，任何组织或者个人不得加以危害和歧视。

不直接抚养非婚生子女的生父或者生母，应当负担未成年子女或者不能独立生活的成年子女的抚养费。

10. 土地承包经营权是否能继承？

【案例】

村民温某之妻于二轮土地承包前去世，温某和两个女儿共同承包了一块承包地，两个女儿先后出嫁，户口也于出嫁时迁出本村民小组，并在新居住地获得承包地。温某临终前留话将土地交由其亲弟弟温家老二耕种。现村民小组因为修建公路需要占地，要求温家老二交出温某及两个女儿的土地，用于补偿其他被占地的村民。温某无其他第一顺序继承人。本案中，温家老二是否有权继承土地承包经营权？

【法律分析】

公民能继承的是自然人死亡时遗留的个人合法财产。遗留的个人合法财产，即遗产，关于遗产的范围需要从三个方面来把握：第一，遗产首先是财产或财产性权益，非财产性权利（包括人格权、人身权或相关权益）不得作为遗产继承；第二，遗产必须是合法的财产权，非法的财产权不属于遗产的范围；第三，遗产必须是被继承人个人的财产，非个人财产不属于遗产的范围。土地承包经营权是用益物权，不属于可继承的遗产范围。不过，被继承人生前承包经营所得的收益属于被继承人的个人财产，可以继承。

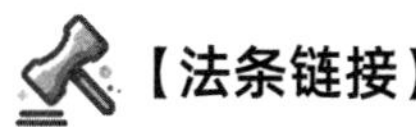

【法条链接】

《中华人民共和国民法典》第一千一百二十二条 遗产是自然人死亡时遗留的个人合法财产。

依照法律规定或者根据其性质不得继承的遗产，不得继承。

11. 丈夫的婚前财产妻子是否享有继承权？

【案例】

明某因病去世，儿媳与公婆之间对明某婚前财产如何继承的问题产生了矛盾。公婆认为儿子的婚前财产都是父母给的，理应还给父母，儿媳没有继承权。真的是这样吗？

【法律分析】

根据民法典对遗产范围的界定可知，无论是婚前财产还是婚后财产，只要属于被继承人合法的个人财产，继承人都享有依法继承的权利。针对明某父母赠与或给予的财物，在明某生前，父母可以要回；但明某死后，自然转化为可以被继承的个人合法财产。因此，明某的婚前财产，虽然不属于夫妻共同财产，但是属于他遗留的个人合法财产，妻子当然享有继承权。

【法条链接】

《中华人民共和国民法典》第一千一百二十二条 遗产是自然人死亡时遗留的个人合法财产。

依照法律规定或者根据其性质不得继承的遗产，不得继承。

12. 继承权能口头放弃吗？

【案例】

王某自小在姥姥家长大，姥姥对他的疼爱非比寻常。姥姥退休后避居乡下，每年寒暑假王某都会到乡下陪她。年前，姥姥因心脏病突发，走得很突然，等王某从学校赶回，也没来得及见她最后一面。听舅舅说，姥姥临终前留下嘱托，要把退休前攒下的住房公积金20万元留给他将来成家用。王某知道近些年舅舅家的生活情况不太好，便口头跟舅舅说，这笔钱还是他留着。这笔遗产是不是归舅舅所有了？

【法律分析】

根据民法典的规定，继承开始后，继承人放弃继承的，应当在遗产处理前，以书面形式作出放弃继承的表示；没有表示的，视为接受继承。据此规定，王某应该以书面形式明确表示放弃继承权。王某放弃继承，如果还有其他继承人，其他人则可以分得更多财产，为了避免纠纷的发生，以书面形式表示放弃继承权，更有利于保留证据。王某若体恤舅舅，可以接受姥姥留给他的钱，再把钱赠与舅舅，这样这笔钱其他继承人就不用参与分配，全归舅舅了。

【法条链接】

《中华人民共和国民法典》第一千一百二十四条第一款 继承开始后，继承人放弃继承的，应当在遗产处理前，以书面形式作出放弃继承的表示；没有表示的，视为接受继承。

13. 法定继承、遗嘱、遗赠扶养协议，哪个效力优先？

【案例】

王某生前与他人订有遗赠扶养协议，又立有遗嘱。王某死后，扶养人与继承人之间因遗产继承问题产生纠纷。那么，在法定继承、遗嘱、遗赠扶养协议三者并存的情况下，哪个效力优先呢？

【法律分析】

根据民法典的规定，继承开始后，按照法定继承办理；有遗嘱的，按照遗嘱继承或者遗赠办理；有遗赠扶养协议的，按照协议办理。被继承人生前与他人订有遗赠扶养协议，同时又立有遗嘱的，继承开始后，如果遗赠扶养协议与遗嘱没有抵触，遗产分别按协议和遗嘱处理；如果有抵触，按协议处理，与协议抵触的遗嘱全部或者部分无效。法定继承、遗嘱、遗赠扶养协议三者并存的情况下，效力优先级一般依次为：遗赠扶养协议大于遗嘱继承、遗赠，遗嘱继承、遗赠大于法定继承。

【法条链接】

《中华人民共和国民法典》第一千一百二十三条 继承开始后，按照法定继承办理；有遗嘱的，按照遗嘱继承或者遗赠办理；有遗赠扶养协议的，按照协议办理。

《最高人民法院关于适用〈中华人民共和国民法典〉继承编的解释（一）》第三条 被继承人生前与他人订有遗赠扶养协议，同时又立有遗嘱的，继承开始后，如果遗赠扶养协议与遗嘱没有抵触，遗产分别按协议和遗嘱处理；如果有抵触，按协议处理，与协议抵触的遗嘱全部或者部分无效。

14. 正在监狱服刑的人是否享有继承权？

【案例】

王某因故意杀人被判刑入狱，服刑期间父母遭遇车祸去世。王某的两个哥哥在探监时告诉他说："你都杀人坐牢了，没有资格继承父母的遗产。"那么，正在监狱服刑的人是否享有继承权呢？

【法律分析】

民法典列举了几种丧失继承权的情形。如果王某是故意杀害被继承人，不论是既遂还是未遂，均应当确认其丧失继承权。但王某是因故意杀害被继承人以外的人被判刑，并不是法律所规定的丧失继承权的情形。因此，王某与两个哥哥同为第一顺序的法定继承人，即使尚在监狱服刑，也可以平等地继承父母的遗产。

【法条链接】

《中华人民共和国民法典》第一千一百二十五条 继承人有下列行为之一的，丧失继承权：

（一）故意杀害被继承人；

（二）为争夺遗产而杀害其他继承人；

（三）遗弃被继承人，或者虐待被继承人情节严重；

（四）伪造、篡改、隐匿或者销毁遗嘱，情节严重；

（五）以欺诈、胁迫手段迫使或者妨碍被继承人设立、变更或者撤回遗嘱，情节严重。

继承人有前款第三项至第五项行为，确有悔改表现，被继承人表示宽恕或者事后在遗嘱中将其列为继承人的，该继承人不丧失继承权。

受遗赠人有本条第一款规定行为的，丧失受遗赠权。

《最高人民法院关于适用〈中华人民共和国民法典〉继承编的解释（一）》第七条 继承人故意杀害被继承人的，不论是既遂还是未遂，均应当确认其丧失继承权。

15. 篡改遗嘱是否会丧失继承权？

【案例】

杨某有一子一女，女儿杨某甲，儿子杨某乙，杨某甲在外地居住，杨某乙在北京居住，杨某乙多年前因车祸造成高位截瘫，常年卧病在床，一直由杨某乙之妻照顾。杨某平时身体健康，一直独居。某年12月5日，杨某因脑出血突然死亡，因其独居，直至两天后才被邻居发现，邻居通知其子女给老人处理后事。杨某甲从外地赶到北京与杨某乙之妻共同处理了父亲的丧事。杨某甲整理父亲的遗物时，无意发现父亲的亲笔遗嘱，表明儿子继承其居住的房产，女儿继承其银行的存款的遗愿。杨某甲认为杨某乙常年卧病在床，生活不能自理，根本没有尽到赡养义务不应继承大部分遗产，于是杨某甲偷改了父亲的遗嘱，将遗嘱改成房产变卖，儿女各一半，银行存款由杨某乙继承。在分割遗产时，杨某乙之妻发现遗嘱有篡改迹象，随即向当地居委会和派出所报告了情况，杨某甲非常害怕，在派出所承认了自己篡改遗嘱的事实。篡改遗嘱是否会丧失继承权？

【法律分析】

篡改遗嘱是指继承人改变被继承人所立的遗嘱的内容，这种行为歪曲了遗嘱人的真实意思。继承权受法律保护，但继承人若实施了法律所禁止的行为，可能会丧失其继承权。根据民法典的规定，如果继承人伪造、篡改、隐匿或者销毁遗嘱，情节严重的，丧失继承权。司法解释同时明确，继承人伪造、篡改、隐匿或者销毁遗嘱，侵害了缺乏劳动能力又无生活来源的继承人的利益，并造成其生活困难的，属于情节严重的情形，继承人将丧失继承权。本案中，杨某甲篡改遗嘱的行为已经侵犯了缺乏劳动能力又无生活来源的继承人杨某乙的利益，并造成其生活困难，应该判决其丧失继承权。

【法条链接】

《中华人民共和国民法典》第一千一百二十五条　继承人有下列行为之一的，丧失继承权：

（一）故意杀害被继承人；

（二）为争夺遗产而杀害其他继承人；

（三）遗弃被继承人，或者虐待被继承人情节严重；

（四）伪造、篡改、隐匿或者销毁遗嘱，情节严重；

（五）以欺诈、胁迫手段迫使或者妨碍被继承人设立、变更或者撤回遗嘱，情节严重。

继承人有前款第三项至第五项行为，确有悔改表现，被继承人表示宽恕或者事后在遗嘱中将其列为继承人的，该继承人不丧失继承权。

受遗赠人有本条第一款规定行为的，丧失受遗赠权。

《最高人民法院关于适用〈中华人民共和国民法典〉继承编的解释（一）》第九条　继承人伪造、篡改、隐匿或者销毁遗嘱，侵害了缺乏劳动能力又无生活来源的继承人的利益，并造成其生活困难的，应当认定

为民法典第一千一百二十五条第一款第四项规定的“情节严重”。

16. 丧偶儿媳一直赡养公婆能否继承遗产？

【案例】

张某的公公婆婆育有一子一女。张某和丈夫李某结婚后不久，李某因病去世，后张某一直与其公婆共同生活，对公婆履行了主要赡养义务。现公婆去世留有部分存款及一处房产，张某能否继承遗产？

【法律分析】

儿媳与公婆属于姻亲关系，儿媳对公婆没有法定的赡养义务。根据民法典的规定，丧偶儿媳对公婆，丧偶女婿对岳父母，尽了主要赡养义务的，可以作为第一顺序继承人继承遗产。民法典的这一规定确定了尽主要赡养义务的丧偶儿媳、丧偶女婿的继承地位，符合中华民族传统家庭美德和公序良俗，有利于弘扬优良家风，促进家庭内部互帮互助、友爱团结，使老年人能够老有所养。同时，这一规定也符合权利义务相一致的原则。

【法条链接】

《中华人民共和国民法典》第一千一百二十九条　丧偶儿媳对公婆，丧偶女婿对岳父母，尽了主要赡养义务的，作为第一顺序继承人。

《最高人民法院关于适用〈中华人民共和国民法典〉继承编的解释（一）》第十八条　丧偶儿媳对公婆、丧偶女婿对岳父母，无论其是否再婚，依照民法典第一千一百二十九条规定作为第一顺序继承人时，不影响其子女代位继承。

17. 儿子不赡养父亲能继承遗产吗？

【案例】

人们常说“养儿防老”。赡养父母是成年子女的法定义务。可现实生活中，有的人在父母生活需要照顾的时候，不赡养父母，可在分遗产的时候却很积极。那么，儿子不赡养父亲能继承遗产吗？

【法律分析】

根据民法典及司法解释的规定，有扶养能力和有扶养条件的继承人，不尽扶养义务的，分配遗产时，应当不分或者少分；有扶养能力和扶养条件的继承人虽然与被继承人共同生活，但对需要扶养的被继承人不尽扶养义务，分配遗产时，可以少分或者不分。如果父母生前需要子女扶养，子女有扶养能力和扶养条件却不尽扶养义务，不仅违反公序良俗原则，而且违反法律规定，对这样的子女，应当不分或者少分遗产，情节严重构成遗弃、虐待的还会丧失继承权。

【法条链接】

《中华人民共和国民法典》第一千一百三十条 同一顺序继承人继承遗产的份额，一般应当均等。

对生活有特殊困难又缺乏劳动能力的继承人，分配遗产时，应当予以照顾。

对被继承人尽了主要扶养义务或者与被继承人共同生活的继承人，分配遗产时，可以多分。

有扶养能力和有扶养条件的继承人，不尽扶养义务的，分配遗产时，应当不分或者少分。

继承人协商同意的，也可以不均等。

《最高人民法院关于适用〈中华人民共和国民法典〉继承编的解释（一）》第二十三条 有扶养能力和扶养条件的继承人虽然与被继承人共同生活，但对需要扶养的被继承人不尽扶养义务，分配遗产时，可以少分或者不分。

18. 干儿子能继承干爹的遗产吗？

【案例】

王某上学时因家境贫寒，差点辍学，后得好心人蔡某资助，直到大学毕业。王某顾念蔡某的恩情，一直不忘回报蔡某，只要有空，他准会上门，洗衣做饭打扫卫生，做一些力所能及的事。蔡某特别喜爱这个踏实稳重，又重情重义的孩子，就认他做干儿子。在蔡某生病期间，王某细心照顾，比蔡某的亲生孩子还上心。但是，总有不怀好意的外人揣测，王某用心不良，是觊觎蔡某的财产。那么干儿子能继承干爹的遗产吗？

【法律分析】

民法典规定所称的“子女”，包括婚生子女、非婚生子女、养子女和有扶养关系的继子女。干子女和亲生子女、养子女、继子女之间的关系不同，不属于法定亲子关系，没有法定继承权。但是，自然人可以立遗嘱将个人财产赠与法定继承人以外的个人，也可以与继承人以外的个人签订遗赠扶养协议，扶养人按照协议履行生养死葬的义务，享有受遗赠的权利。因此，干爹干妈若想将自己的遗产留给干子女，可以立遗嘱，将遗产赠与干子女，或者与干子女订立遗赠扶养协议，干子女履行生养死葬的义务后，也有权获得受遗赠的财产。

【法条链接】

《中华人民共和国民法典》第一千一百二十七条 遗产按照下列顺序继承：

（一）第一顺序：配偶、子女、父母；

（二）第二顺序：兄弟姐妹、祖父母、外祖父母。

继承开始后，由第一顺序继承人继承，第二顺序继承人不继承；没有第一顺序继承人继承的，由第二顺序继承人继承。

本编所称子女，包括婚生子女、非婚生子女、养子女和有扶养关系的继子女。

本编所称父母，包括生父母、养父母和有扶养关系的继父母。

本编所称兄弟姐妹，包括同父母的兄弟姐妹、同父异母或者同母异父的兄弟姐妹、养兄弟姐妹、有扶养关系的继兄弟姐妹。

民法典·侵权责任编

百姓维权的行动指南

1. 入住酒店发病死亡，酒店要赔偿吗？

【案例】

张某出差入住某酒店。第二天，张某在酒店门口站立不稳倒地昏迷，其他客人发现后告知前台工作人员，工作人员将张某扶到大堂沙发处后并未采取任何措施便回到前台。张某不断咳嗽呕吐，工作人员仍未采取任何措施。40分钟后，工作人员才报警并拨打急救电话。急救人员到达现场将张某送往医院。几天后，张某在医院死亡，死因为脑出血。

张某家人要求酒店赔偿，酒店辩称其为快捷酒店，对客人没有特别照顾义务。张某是患病死亡，非普通人可以识别。在发现其身体不适后，员工采取了适当的救助措施，尽到了安全保障义务，不应对张某的死亡承担赔偿责任。

【法律分析】

民法典规定，宾馆、商场、银行等经营场所管理者，未尽到安全保障义务，造成他人损害的，应当承担侵权责任。张某作为酒店的客人，其独自在酒店内发生身体不适，工作人员发现后未及时采取有效措施，于40分钟后才报警并拨打急救电话，给治疗造成一定延误，应承担相应的赔偿责任。具体赔偿比例由法院根据酒店在此事件中的过错程度予以酌定。酒店称其为快捷酒店，对客人没有特别照顾义务的辩护意见不予采纳。最终，法院判决酒店赔偿张某家属各项经济损失共计20万元。

【法条链接】

《中华人民共和国民法典》第一千一百九十八条 宾馆、商场、银行、车站、机场、体育场馆、娱乐场所等经营场所、公共场所的经营者、管理者或者群众性活动的组织者，未尽到安全保障义务，造成他人损害的，应当承担侵权责任。

因第三人的行为造成他人损害的，由第三人承担侵权责任；经营者、管理者或者组织者未尽到安全保障义务的，承担相应的补充责任。经营者、管理者或者组织者承担补充责任后，可以向第三人追偿。

2. 景区老树断枝砸坏车要赔吗？

【案例】

12月20日，气象台发布大风预警。卓某提前下班，驾车经过某景区院墙边。大风刮断景区内一棵百年老树的一段虫蛀枯枝，恰好砸中了卓某汽车的前挡风玻璃，出现纵横的几道裂缝，还好没有危及人身安全。为修复前挡风玻璃，卓某支付了一笔修理费。卓某向景区主张赔偿未果，遂诉至法院，请求判令赔偿损失。

【法律分析】

民法典明确规定，因林木折断、倾倒或者果实坠落等造成他人损害，林木的所有人或者管理人不能证明自己没有过错的，应当承担侵权责任。本案中，卓某的损失虽然是因大风刮断树木造成，但景区作为老树的管理者，未能及时修剪那段虫蛀枯枝，排除安全隐患，存在过错。景区未能提供充分证据证明尽到管理责任，应对卓某的损失承担赔偿责任。

【法条链接】

《中华人民共和国民法典》第一千二百五十七条 因林木折断、倾倒或者果实坠落等造成他人损害，林木的所有人或者管理人不能证明自己没有过错的，应当承担侵权责任。

3. 醉酒摔伤，朋友要不要赔偿？

【案例】

周末受朋友邀请，董某和李某一起去饭店吃饭。下午1时许，四人用餐完毕，董某与李某一起离开。席间四人一共喝了一瓶一斤装的白酒。事发当时的监控录像显示，李某与董某相互搀扶在人行道行走，后两人站立不稳倒地，李某压在董某身上。董某头部受伤当场晕厥，被送至红十字会急诊抢救中心抢救。李某参与抢救，垫付了医疗费，并陪护了三天。诊断结果显示董某为左右侧硬膜下血肿、脑挫裂伤。医生建议继续住院治疗，需二次入院进行颅骨修复手术，费用约20万元。但因董某无力继续承担高额治疗费用，不得不出院回家自行恢复。

由于治疗不彻底，且缺少必要的治疗药物，董某留下了癫痫的后遗症，亦丧失劳动能力。董某认为是李某的过错造成他身体损伤，起诉至法院要求赔偿医疗费、住院伙食费、护理费、精神抚慰金及后续治疗费，共计27万元。

【法律分析】

判断共同饮酒人是否存在侵权行为，通常分为两个阶段考量，一是

在饮酒过程中是否存在过度劝酒的行为；二是在饮酒后是否对过量饮酒的人进行了必要且合理的照顾义务。

根据法院查明的事实，董某平时具有饮酒的习惯，根据其自述，酒量不少于半斤白酒，而在其与李某饮酒的当日，席间四人共同饮用了一瓶白酒，根据常理判断，董某饮用的白酒数量应该并未超出其可承受的范围，李某在饮酒过程中应该也不存在对董某过度劝酒的侵权行为；从饮酒后的行为判断，李某在走出饭店以后对董某进行了搀扶，在董某摔倒后及时送医，还垫付了医疗费并在医院陪护了三天，已经做到了共同饮酒人之间必要且合理的照顾义务，其对损害结果的发生并不具有主观过错。本案中，董某受伤的结果固然值得同情，但李某良善的帮扶行为却不应成为承担侵权损害结果的原因，因此，无论从法律还是道德的层面考量，董某的诉讼请求均不能得到法律支持。

【法条链接】

《中华人民共和国民法典》第一千一百六十五条 行为人因过错侵害他人民事权益造成损害的，应当承担侵权责任。

依照法律规定推定行为人有过错，其不能证明自己没有过错的，应当承担侵权责任。

4. 自取餐具被划伤能要求酒店赔偿吗？

【案例】

张某到酒店参加婚礼，发现坐席上餐具没置齐，招呼服务员提供餐具，服务员忙着上菜，一直没有搭理。张某自行到邻桌取餐具，餐具外部均覆盖有塑料薄膜，张某用力撕扯时，右手被严重划伤，伤情经医院诊断为手部拇指伸肌损伤，为治伤花了不少钱。张某起诉酒店，要求赔偿医疗费、交通费，并伴有误工费、护理费等各项损失，共计5.6万元。

【法律分析】

法院审理后认为，从事住宿、餐饮、娱乐等经营活动或者其他社会活动的自然人、法人、其他组织，未尽合理限度范围内的安全保障义务致使他人遭受人身损害，赔偿权利人请求其承担相应赔偿责任的，法院应予支持。被侵权人对损害的发生也有过错的，可以减轻侵权人的责任。本案中，张某参加婚礼就餐，酒店未尽相应的安全保障义务，应当对损害的发生承担主要责任；张某作为具有完全民事行为能力的成年人，对自身的安全未尽到合理注意义务,对于损害的发生也应当承担相应责任。据此，法院综合案情后，判令酒店赔偿张某医疗费、护理费、误工费等共计 1.8 万元。

【法条链接】

《中华人民共和国民法典》第一千一百九十八条 宾馆、商场、银行、车站、机场、体育场馆、娱乐场所等经营场所、公共场所的经营者、管理者或者群众性活动的组织者，未尽到安全保障义务，造成他人损害的，应当承担侵权责任。

因第三人的行为造成他人损害的，由第三人承担侵权责任；经营者、管理者或者组织者未尽到安全保障义务的，承担相应的补充责任。经营者、管理者或者组织者承担补充责任后，可以向第三人追偿。

5. 见人吵架在一旁拱火，要不要承担法律责任？

【案例】

陈某接孩子放学后到餐厅就餐，在排队等候点餐过程中，其挎包无意中碰到在前面排队的老太李某后背，李某遂回头言辞颇为不逊地骂道："长眼没有？挂着我了！"并很不客气地将陈某手上的挎包推开，因用力过猛，挎包一角碰到陈某孩子的眼角。陈某护犊心切，冲老人说道："你这是干吗？"两人就这样你一言我一语，吵开了。一旁的黄某见状，不劝架反倒拱火，说老太李某为老不尊，倚老卖老。李某气恼地脱下鞋子要打黄某，同时拉扯陈某的挎包不让其离开，三方发生撕扯！派出所民警到达现场后，将三方带回所里进行调解。调解过程中，李某因身体不适被送至医院急诊，次日凌晨，因抢救无效死亡。李某的亲属认为李某系因与陈某、黄某吵架诱发疾病死亡，遂诉至法院，要求两人承担赔偿责任。黄某认为事件的起因是陈某与李某之间的矛盾，自己只是在旁边帮腔了一两句，跟事件无关，不应当承担责任。

【法律分析】

一般侵权责任构成有四个要件：违法行为、损害事实、因果关系、主观过错。行为人因过错侵害他人民事权益造成损害的，应当承担侵权责任。二人以上共同实施侵权行为，造成他人损害的，应当承担连带责任。医院出具的医学证据证明李某的死亡结果是因其自身疾病突然发作导致，但是陈某、黄某与李某发生的争吵撕扯对李某疾病的发作存在一定的诱因。根据违法行为与损害事实之间的因果关系，以及双方的过错程度，法院酌定李某自负 90% 的责任。黄某见陈某和李某吵架，不劝阻，反而帮腔拱火，存在过错，与陈某一起承担 10% 的连带赔偿责任，赔偿李某家属经济损失 5 万元。

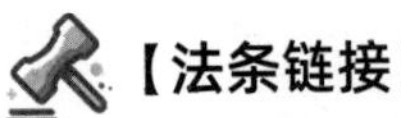

【法条链接】

《中华人民共和国民法典》第一千一百六十五条 行为人因过错侵害他人民事权益造成损害的，应当承担侵权责任。

依照法律规定推定行为人有过错，其不能证明自己没有过错的，应当承担侵权责任。

《中华人民共和国民法典》第一千一百六十八条 二人以上共同实施侵权行为，造成他人损害的，应当承担连带责任。

6. 酒店投放蟑螂药导致儿童误食要赔偿吗？

【案例】

酒店为灭杀蟑螂，在厨房、包厢、过道等处阴暗位置放置了蟑螂药，但既未及时撤去，也没有作出任何提醒或警示。吴某带三岁的儿子在包厢就餐时，爱动而又少不更事的儿子误食了蟑螂药。直到出现中毒症状被送往医院救治，吴某才得知原委。可面对吴某索要1200元医疗费用的请求，酒店却一口拒绝，理由是吴某自己没有看管好儿子才导致其误食蟑螂药，责任在吴某。

【法律分析】

酒店辩护理由不成立，应承担损害赔偿责任。酒店在顾客可及之处投放蟑螂药，且并未向顾客作出任何提醒或警示，无视顾客权利，是推

脱自身应保障顾客安全的法定义务。酒店未采取任何保障措施，明显是对可能出现的危害，疏忽大意或者轻信可以避免，存在主观上的过失。根据民法典的规定，侵害他人造成人身损害的，应当赔偿医疗费、护理费、交通费、营养费、住院伙食补助费等为治疗和康复支出的合理费用。

【法条链接】

《中华人民共和国民法典》第一千一百七十九条 侵害他人造成人身损害的，应当赔偿医疗费、护理费、交通费、营养费、住院伙食补助费等为治疗和康复支出的合理费用，以及因误工减少的收入。造成残疾的，还应当赔偿辅助器具费和残疾赔偿金；造成死亡的，还应当赔偿丧葬费和死亡赔偿金。

7. 负气卧轨自杀，铁路公司有没有责任?

【案例】

在京广线某段铁轨上，六十六岁的柴某翻越护栏违法闯入铁路限界，在列车接近时，趴在钢轨上。火车司机在鸣笛警示的同时采取紧急制动措施，但仍未能避免悲剧的发生，柴某被车轮碾过，当场死亡。经公安人员对事故现场勘验及调查分析认定，柴某与妻子吵架后，负气离家，违法进入铁路封闭区间，属于故意卧轨自杀。柴某的家属对铁路事故认定结果不认可，起诉至法院要求赔偿。

【法律分析】

民法典对于侵权责任的归责原则确定了三种：过错责任原则、过错推定原则、无过错责任原则。一般侵权责任适用过错责任或过错推定原则；无过错责任原则只适用法律明确规定的情形。

根据铁路法规定，因铁路行车事故及其他铁路运营事故造成人身伤亡的，铁路运输企业应当承担赔偿责任；如果人身伤亡是因不可抗力或者由于受害人自身的原因造成的，铁路运输企业不承担赔偿责任。违章通过平交道口或者人行过道，或者在铁路线路上行走、坐卧造成的人身伤亡，属于受害人自身的原因造成的人员伤亡。

法院认为，结合铁路交通事故认定书、视频光盘、询问笔录等证据，受害人在完全能辨认自己行为的条件下，发现有火车驶来后，仍然走向铁轨并横卧于其上造成死亡后果，属于受害人自身的原因造成人身损害事故，铁路运输企业无过错不承担赔偿责任。

【法条链接】

《中华人民共和国民法典》第一千一百七十四条 损害是因受害人故意造成的，行为人不承担责任。

《中华人民共和国铁路法》第五十八条 因铁路行车事故及其他铁路运营事故造成人身伤亡的，铁路运输企业应当承担赔偿责任；如果人身伤亡是因不可抗力或者由于受害人自身的原因造成的，铁路运输企业不承担赔偿责任。

违章通过平交道口或者人行过道，或者在铁路线路上行走、坐卧造成的人身伤亡，属于受害人自身的原因造成的人身伤亡。

8. 女孩小区内玩耍被暗门砸伤，物业有责任吗？

【案例】

夏日傍晚，五岁小女孩林某在妈妈陪伴下到小区内纳凉玩耍。林某和其他小伙伴在一侧低矮且凹凸不平的墙面上，模仿攀岩的动作在攀爬。突然传来一声重物倒塌的沉闷声响，有人惊恐地尖叫。原来在孩子们攀爬的墙面上有一扇小暗门，因连接处生锈老化发生断裂，致使门框脱落倾倒，砸到林某。导致林某右侧股骨干及左脚跖骨骨折。家长将物业公司起诉至法院，要求其承担赔偿责任。

【法律分析】

民法典明确规定，物业服务企业等建筑物管理人应当采取必要的安全保障措施防止建筑物上坠落的物品造成他人损害的发生；未采取必要的安全保障措施的，应当依法承担未履行安全保障义务的侵权责任。

法院经审理认为，物业服务企业平时未对暗门进行检修，且在暗门上未设禁止攀爬的警示标志，作为公共场所的管理人，对事发时小朋友的攀爬行为未能及时制止，没有尽到安全保障义务，应当承担侵权责任。赔偿范围及数额，应根据原告诉请、法律规定及鉴定意见合理确定。

【法条链接】

《中华人民共和国民法典》第一千二百五十四条 禁止从建筑物中抛掷物品。从建筑物中抛掷物品或者从建筑物上坠落的物品造成他人损害的，由侵权人依法承担侵权责任；经调查难以确定具体侵权人的，除能够证明自己不是侵权人的外，由可能加害的建筑物使用人给予补偿。

可能加害的建筑物使用人补偿后，有权向侵权人追偿。

物业服务企业等建筑物管理人应当采取必要的安全保障措施防止前款规定情形的发生；未采取必要的安全保障措施的，应当依法承担未履行安全保障义务的侵权责任。

发生本条第一款规定的情形的，公安等机关应当依法及时调查，查清责任人。

9. 六旬老人出站口摔伤，车站有责任吗？

【案例】

况某乘坐动车回乡过年，在北广场出站口的栅栏处不慎摔伤，造成左髌骨骨折，经鉴定伤残等级为十级。为此，况某将火车北站综合管理局、铁路局诉至法院，要求赔偿医疗费、护理费、交通费以及残疾赔偿金等费用共计11万元。火车北站综合管理局辩称，原告摔倒的地方是在站外，是在车站用地红线以外的地方，该区域属于铁路局管辖范围，其不应承担法律责任。

【法律分析】

民法典明确规定车站、机场等公共场所的管理者，未尽到安全保障义务，造成他人损害的，应当承担侵权责任。庭审中，铁路局未对自己的“管理者”身份提出异议。火车站综合管理局提供了施工图，法院组织双方当事人进行了现场勘验，勘验结果认定事故发生地点所处通道只供旅客出站通行，接站者只能在栅栏以外，不能进入栅栏以内。另查明，该出站口到栅栏之间的通道，其物业管理及清洁卫生均由铁路局负责，法院遂认定原告受伤地点的责任者应为铁路局。

法院认为事发地点旅客密集，地上有水渍通常会有安全隐患，铁路

局作为该片区域的物业、清洁管理者，应当采取合理措施消除安全隐患，保障通道干净、安全，防止损害发生。铁路局违反了公共管理人应尽的安全保障义务，对原告损害后果的产生难辞其咎，应当承担赔偿责任。

【法条链接】

《中华人民共和国民法典》第一千一百九十八条第一款 宾馆、商场、银行、车站、机场、体育场馆、娱乐场所等经营场所、公共场所的经营者、管理者或者群众性活动的组织者，未尽到安全保障义务，造成他人损害的，应当承担侵权责任。

10. 撒酒疯砸坏别人东西要赔偿吗？

【案例】

在朋友婚宴上张某喝醉了撒酒疯，把朋友家一套名贵茶具摔个粉碎。如果朋友找他赔偿，他能以“自己喝多了”为由拒绝吗？

【法律分析】

当然不能。根据民法典的规定，完全民事行为能力人因醉酒、滥用麻醉药品或者精神药品对自己的行为暂时没有意识或者失去控制造成他人损害的，应当承担侵权责任。酗酒是法律所不提倡的，造成他人损害，不能免责，仍应承担法律责任。

【法条链接】

《中华人民共和国民法典》第一千一百九十条第二款 完全民事行

为能力人因醉酒、滥用麻醉药品或者精神药品对自己的行为暂时没有意识或者失去控制造成他人损害的，应当承担侵权责任。

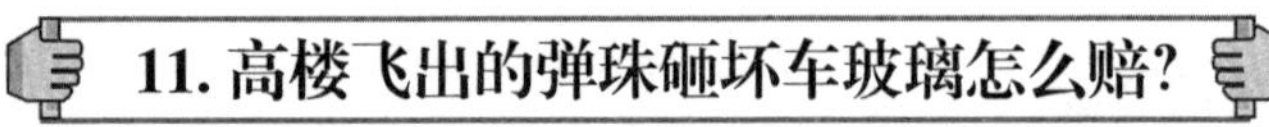

11. 高楼飞出的弹珠砸坏车玻璃怎么赔？

【案例】

周末，明某与邻居几个小朋友一起堆积木，大人在一块儿聊家常。明某发现柜子里有跳棋，就拿了出来，刚开始他们只是在地上滚弹珠，玩着玩着，游戏就开始升级为互相抛掷，就在你来我往的嬉笑中，一颗弹珠从窗户防护栏的空隙中飞了出去，从15层楼坠落，把停在楼下的一辆奥迪车的挡风玻璃，砸出一个大窟窿。车主要求赔偿，每个家长都以车不是“我孩子干的”为由推脱，车主应找谁赔呢？

【法律分析】

民法典侵权责任编明确规定，禁止从建筑物中抛掷物品。从建筑物中抛掷物品或者从建筑物上坠落的物品造成他人损害的，由侵权人依法承担侵权责任；经调查难以确定具体侵权人的，除能够证明自己不是侵权人的外，由可能加害的建筑物使用人给予补偿，并明确公安等机关应当依法及时调查，查清责任人。

本案中，几个孩子一起玩弹珠，如果能确定是哪个孩子丢出去的，就由那个孩子的监护人履行赔偿责任，不然所有在场孩子的监护人，共同承担赔偿责任。如果在场大人有证据证明自家的孩子不是加害人的，比如当时孩子在上厕所，或者玩累了由母亲抱在怀里休息等，可以免除赔偿责任。

【法条链接】

《中华人民共和国民法典》第一千二百五十四条 禁止从建筑物中抛掷物品。从建筑物中抛掷物品或者从建筑物上坠落的物品造成他人损害的，由侵权人依法承担侵权责任；经调查难以确定具体侵权人的，除能够证明自己不是侵权人的外，由可能加害的建筑物使用人给予补偿。可能加害的建筑物使用人补偿后，有权向侵权人追偿。

物业服务企业等建筑物管理人应当采取必要的安全保障措施防止前款规定情形的发生；未采取必要的安全保障措施的，应当依法承担未履行安全保障义务的侵权责任。

发生本条第一款规定的情形的，公安等机关应当依法及时调查，查清责任人。

12. 校园欺凌同学要承担法律责任吗？

【案例】

已满十四岁的明某经常欺负同班同学赖某。一天明某纠集一伙人对赖某实施殴打，致赖某左臂骨折。请问未成年的明某是否需要承担法律责任？

【法律分析】

校园欺凌者要承担法律责任，民法典规定侵害他人，造成人身损害、财产损害的，应当承担相应的人身损害赔偿责任、财产损害赔偿责任和精神损害赔偿责任。但因未成年人并无完全行为能力和经济来源，故其造成他人损害的，由监护人承担侵权责任。如果该未成年欺凌者有自己的财产，可以从本人财产中支付，不足的部分，可由其监护人承担。

同时，需要指出的是，未成年人参与校园欺凌，情节严重的将会面临承担刑事责任。若因校园欺凌受到行政处罚，一般会保留案底，对日后的工作和生活会产生负面影响。

【法条链接】

《中华人民共和国民法典》第一千一百七十九条 侵害他人造成人身损害的，应当赔偿医疗费、护理费、交通费、营养费、住院伙食补助费等为治疗和康复支出的合理费用，以及因误工减少的收入。造成残疾的，还应当赔偿辅助器具费和残疾赔偿金；造成死亡的，还应当赔偿丧葬费和死亡赔偿金。

13. 篮球比赛被打掉门牙能索赔吗？

【案例】

在学校组织的一场篮球比赛中，庄某在进攻过程中，胳膊肘不小心甩到了吴同学的脸，将其门牙打掉两颗。吴同学认为庄某的行为侵害其人身权利，起诉至法院要求人身损害赔偿。

【法律分析】

民法典明确规定，自愿参加具有一定风险的文体活动，因其他参加者的行为受到损害的，受害者不得请求其他参加者承担侵权责任，即自甘风险原则。

篮球比赛是具有对抗性、竞技性的一项运动，存在潜在的运动伤害风险。对于篮球比赛中因身体对抗造成的伤害，每个参与者都可能是损害的制造者或风险承受者。运动参与者自愿参与运动，应认为愿意承受

由此产生的风险，即应适用自甘风险原则。

本案中，吴某与庄某作为篮球运动的参与者，对篮球运动的风险有足够的认知能力，对于吴某在篮球运动过程中受到的运动伤害风险应由吴同学自行承担，除非有证据证明其伤害系对方故意或者重大过失所为，否则对方不承担侵权责任。

【法条链接】

《中华人民共和国民法典》第一千一百七十六条 自愿参加具有一定风险的文体活动，因其他参加者的行为受到损害的，受害人不得请求其他参加者承担侵权责任；但是，其他参加者对损害的发生有故意或者重大过失的除外。

活动组织者的责任适用本法第一千一百九十八条至第一千二百零一条的规定。

14. 钟点工出意外，雇主要承担责任吗？

【案例】

陈某经熟人介绍，请了胡某定时来家中进行清洁卫生，双方合作多次，均互相表示满意。年底大扫除，胡某再次来做钟点工，她站在二楼卧室的防盗窗上擦玻璃时，出现了意外，防盗窗突然脱落，胡某连同防盗窗一同坠落到一楼，导致左脚踝骨折，住院和手术花费了2万元，半年后还要做手术取出钢钉。雇主陈某要承担责任吗？

【法律分析】

根据民法典规定，提供劳务一方因劳务受到损害的，根据双方各自的过错承担相应的责任。雇主直接雇用钟点工，属于“个人之间形成的劳务关系”，若钟点工在工作过程中发生意外，应根据双方的过错承担相应的责任。也就是说，如果钟点工的行为纯属个人行为，与劳务无关，那么接受劳务一方不必承担责任。若通过正规的家政公司选择钟点工，这种情况下公司与钟点工之间是劳务关系，钟点工工作属于履行职务行为，一旦发生意外则由公司承担责任。因此，本案中，雇主陈某对钟点工胡某的受伤行为，要承担一定的赔偿责任。

【法条链接】

《中华人民共和国民法典》第一千一百九十二条 个人之间形成劳务关系，提供劳务一方因劳务造成他人损害的，由接受劳务一方承担侵权责任。接受劳务一方承担侵权责任后，可以向有故意或者重大过失的提供劳务一方追偿。提供劳务一方因劳务受到损害的，根据双方各自的过错承担相应的责任。

提供劳务期间，因第三人的行为造成提供劳务一方损害的，提供劳务一方有权请求第三人承担侵权责任，也有权请求接受劳务一方给予补偿。接受劳务一方补偿后，可以向第三人追偿。

15. 剪辑他人影视作品发布到短视频平台侵权吗？

【案例】

在短视频平台上，常常能看到大量直接剪辑或者经过稍微编辑加工的影视作品片段、集锦，而这些短视频常常是没有经过权利人许可就被上传到平台上的。那么，这些短视频是否涉嫌侵权呢？

【法律分析】

民法典明确规定，网络用户利用网络侵害他人民事权益的，应当承

担侵权责任。法律另有规定的，依照其规定。网络服务提供者接到通知后，应当及时将该通知转送相关网络用户，并根据构成侵权的初步证据和服务类型采取必要措施；未及时采取必要措施的，对损害的扩大部分与该网络用户承担连带责任。剪辑他人影视作品在平台上发布，涉嫌侵犯影视作品完整权、信息网络传播权。使用他人创作内容需要获得版权方许可，未经允许进行改编或使用，不管是否获利、有没有注明出处，都有侵权的风险。

【法条链接】

《中华人民共和国民法典》第一千一百八十五条 故意侵害他人知识产权，情节严重的，被侵权人有权请求相应的惩罚性赔偿。

《中华人民共和国民法典》第一千一百九十四条 网络用户、网络服务提供者利用网络侵害他人民事权益的，应当承担侵权责任。法律另有规定的，依照其规定。

16. 私自上树摘杨梅坠亡能要求赔偿吗？

【案例】

某村是国家AAA级旅游景区，村民委员会在河道旁种植了杨梅树。2017年5月19日，该村村民吴某私自上树采摘杨梅，不慎跌落受伤，经抢救无效死亡。其近亲属以村民委员会未采取安全风险防范措施、未及时救助为由，将村民委员会诉至人民法院。一审、二审判决皆认为吴某与村民委员会均有过错，酌定村民委员会承担50%的赔偿责任，判令向吴某的近亲

属赔偿4.5万元。中级人民法院对该案再审宣判，撤销原审判决，村民委员会未违反安全保障义务，不应承担赔偿责任。

【法律分析】

村民委员会作为该村景区的管理人，虽负有保障游客免遭损害的义务，但义务的确定应限于景区管理人的管理和控制能力范围之内。村民委员会并未向村民或游客提供免费采摘杨梅的活动，杨梅树本身并无安全隐患，不能要求村民委员会对景区内的所有树木加以围蔽、设置警示标志。吴某作为具有完全民事行为能力的成年人，应当充分预见攀爬杨梅树采摘杨梅的危险性。该村村规民约明文规定，村民要自觉维护村集体的各项财产利益，包括公共设施和绿化树木等，吴某私自上树采摘杨梅的行为，违反了村规民约，损害了集体利益，导致了损害后果的发生。吴某跌落受伤后，村民委员会主任及时拨打了急救电话，另有村民在救护车抵达前已将吴某送往医院救治，村民委员会不存在过错，判决驳回吴某近亲属要求村民委员会承担赔偿责任的请求。

【法条链接】

《中华人民共和国民法典》第一千一百九十八条 宾馆、商场、银行、车站、机场、体育场馆、娱乐场所等经营场所、公共场所的经营者、管理者或者群众性活动的组织者，未尽到安全保障义务，造成他人损害的，应当承担侵权责任。

因第三人的行为造成他人损害的，由第三人承担侵权责任；经营者、管理者或者组织者未尽到安全保障义务的，承担相应的补充责任。经营者、管理者或者组织者承担补充责任后，可以向第三人追偿。

17. 燃放爆竹被炸伤能要求赔偿吗？

【案例】

陈某在销售点买了一串爆竹，点燃引线后，迟迟没见动静，想上前再次点燃，爆竹突然爆炸，他因躲避不及被炸伤眼睛，送去医院治疗。事后陈某找销售商家索要赔偿，但是该店以自己所售烟花爆竹产品出自正规厂家，店里相关证件齐全，发生事故纯属陈某操作不当所致，不同意赔偿，陈某诉至法院。

【法律分析】

商家销售的产品应当具有消费者合理期待的安全性，爆竹是具有危险性的易燃易爆产品，产品质量对人身财产安全而言至关重要。爆竹点火后发生熄引，可能是存在霉变、空引或者藕节等产品缺陷。

根据民法典的规定，因产品存在缺陷造成他人损害的，被侵权人可以向产品的生产者请求赔偿，也可以向产品的销售者请求赔偿。

【法条链接】

《中华人民共和国民法典》第一千二百零三条 因产品存在缺陷造成他人损害的，被侵权人可以向产品的生产者请求赔偿，也可以向产品的销售者请求赔偿。

产品缺陷由生产者造成的，销售者赔偿后，有权向生产者追偿。因销售者的过错使产品存在缺陷的，生产者赔偿后，有权向销售者追偿。

18. 借车开走出了车祸，谁来赔偿？

【案例】

刘某开车到家里给岳父过生日，小舅子要出门取蛋糕，也没跟姐夫打招呼，拿起桌上的车钥匙就开车去了城西蛋糕店，结果与迎面驶来的一辆车相撞，造成对方头部重伤。那么借车给别人开发生车祸，该由谁来赔偿呢？

【法律分析】

根据民法典的规定，借用他人机动车发生交通事故造成损害，属于该机动车一方责任的，借用人应当自己承担赔偿责任。机动车的出借人如果没有过错不承担责任；如果有过错要承担相应的赔偿责任。这里的过错主要表现为：明知借用人没有驾驶资质；明知借用人处于不适驾状态（如醉酒），不予阻止；明知自己的机动车有故障不予告知等情形。因此，只要不存在上述过错情形，小舅子把车开走，出了事故，赔偿责任由小舅子承担。

【法条链接】

《中华人民共和国民法典》第一千二百零九条 因租赁、借用等情形机动车所有人、管理人与使用人不是同一人时，发生交通事故造成损害，属于该机动车一方责任的，由机动车使用人承担赔偿责任；机动车所有人、管理人对损害的发生有过错的，承担相应的赔偿责任。

19. 未过户的转让车出车祸，谁承担赔偿责任？

【案例】

陈某在汽车销售服务4S店提了一辆新车，把自己名下的车转让给了朋友，还没来得及办理过户登记手续，对方出了车祸，陈某要承担责任吗？

【法律分析】

根据民法典的规定，当事人之间已经以买卖或者其他方式转让并交付机动车，但是未办理登记，发生交通事故造成损害，属于该机动车一方责任的，由受让人承担赔偿责任。我国对机动车买卖实行登记制度，采用的是登记对抗原则，如果受让人付了钱，开走了车，车的所有权即转移给了受让人，没有登记只是不能对抗已经登记的善意第三人，赔偿责任自然由受让人负责，与原车主无关。

【法条链接】

《中华人民共和国民法典》第一千二百一十条 当事人之间已经以买卖或者其他方式转让并交付机动车但是未办理登记，发生交通事故造成损害，属于该机动车一方责任的，由受让人承担赔偿责任。

20. 销售已过保质期的食品违法吗？

【案例】

李某在某购物广场购买“戗面馒头”一袋，商品外包装载明该食品保质期七天。购买后发现该食品为过期食品。李某认为该购物广场的销售行为违法，遂向法院提起诉讼，请求判令退还货款并给予赔偿金1000元。

【法律分析】

李某的购买行为与商家形成买卖合同关系，他向法院提交了购物发票、照片、商品实物，形成有效的证据链，完成相应的举证责任。食品销售者负有保证食品安全的法定义务，应当对不符合安全标准的食品及时清理下架。现案涉商品出售的日期已经超过保质期，应当认定购物广场销售了明知是不符合食品安全标准的食品。法院依法判决购物广场退还李某货款并支付李某赔偿金1000元。

【法条链接】

《中华人民共和国食品安全法》第五十四条 食品经营者应当按照保证食品安全的要求贮存食品，定期检查库存食品，及时清理变质或者超过保质期的食品。

食品经营者贮存散装食品，应当在贮存位置标明食品的名称、生产日期或者生产批号、保质期、生产者名称及联系方式等内容。

《中华人民共和国民法典》第一千二百零七条 明知产品存在缺陷仍然生产、销售，或者没有依据前条规定采取有效补救措施，造成他人死亡或者健康严重损害的，被侵权人有权请求相应的惩罚性赔偿。

劳动保障

保护劳动者合法权益

1. 酒店只招男厨师，侵犯应聘者权利吗？

【案例】

某年6月28日，取得厨师资格证的高某在某网站看到某酒店招聘厨房学徒的广告，发现自己的条件符合招聘要求，便前往招聘单位应聘。面试之后，对方告知高某，他们已经招满人了。然而，令她不解的是，网站上的招聘信息依然写着“急聘”。她致电酒店询问，对方告知“仅招男生”，甚至将网页上的招聘信息也改成如此。高某从小便喜爱烹饪，大专毕业后，报名参加了两个粤菜培训班，并最终获得了中式烹调师的高级职业资格证。高某认为，厨房学徒并非只有男性才能胜任，仅因她是女性而拒绝，而且没有任何商量的余地，给其身心带来极大伤害，心情一度沮丧愤懑，找工作的信心受到很大打击。为维护自己平等就业的权益，高某将酒店告上法庭。

【法律分析】

劳动法明确规定，劳动者享有平等就业权利。虽然酒店主张其不存在性别歧视行为，但是从酒店发布招聘广告以及招聘员工的过程中，确实存在对女性应聘者进行区别、限制以及排斥的行为。酒店陈述厨房学徒的工作内容为切菜、配菜、出菜、打荷等，从上诉内容看，厨房学徒工作强度并未达到第四级体力劳动的强度，也不存在需要持续负重或负重强度过大的情况，并不属于不适合女性从事的劳动范围。酒店仅因招聘者性别而产生区别、限制以及排斥行为不具有合法和合理性，损害了

女性应聘者的合法权益，故法院判令酒店作出书面赔礼道歉并赔偿相应的精神损害抚慰金2000元。

【法条链接】

《中华人民共和国劳动法》第三条第一款 劳动者享有平等就业和选择职业的权利、取得劳动报酬的权利、休息休假的权利、获得劳动安全卫生保护的权利、接受职业技能培训的权利、享受社会保险和福利的权利、提请劳动争议处理的权利以及法律规定的其他劳动权利。

2. 快退休的员工能否随意解除劳动合同？

【案例】

冯某于某年1月12日进入某中学工作，担任后勤维修人员，双方签订无固定期限劳动合同。某年1月14日，该中学以冯某违反“设备定期检修巡查制度”为由依据其《学校奖惩制度》，作出关于对冯某违纪问题的处分决定。同年5月30日，该中学向冯某送达处分决定以及解除劳动合同通知书，决定与冯某解除劳动合同。冯某认为，他在该校已经连续工作满十六年了，再过两年就退休了，学校不能随意解除劳动合同，遂向劳动争议仲裁委员会提出仲裁请求，要求继续履行劳动合同。

【法律分析】

劳动争议仲裁委员会审理后认为，依照劳动法律相关规定，因用人单位作出开除、除名、辞退、解除劳动合同等决定发生的劳动争议，用人单位负举证责任。同时，用人单位对其实行的规章制度是否经民主程序产生，劳动者是否充分知晓该制度负有举证责任。本案中，某中学未证明《学校奖惩制度》是经民主程序产生并依法进行公示，亦未有足够的证据证明冯某存在严重违反学校规章制度的事实。冯某在该校工作年满十六年，再有两年就退休了，根据劳动合同法规定，在本单位连续工作满十五年，且距法定退休年龄不足五年的劳动者，不适用无过失性辞退和经济性裁员。冯某不存在过失性辞退的法定情形，因此，学校不能随意解除与冯某签订的无固定期限劳动合同，劳动争议仲裁委员会依法对冯某要求继续履行劳动合同的仲裁请求予以支持。

【法条链接】

《中华人民共和国劳动合同法》第四十二条 劳动者有下列情形之一的，用人单位不得依照本法第四十条、第四十一条的规定解除劳动合同：

（一）从事接触职业病危害作业的劳动者未进行离岗前职业健康检查，或者疑似职业病病人在诊断或者医学观察期间的；

（二）在本单位患职业病或者因工负伤并被确认丧失或者部分丧失劳动能力的；

（三）患病或者非因工负伤，在规定的医疗期内的；

（四）女职工在孕期、产期、哺乳期的；

（五）在本单位连续工作满十五年，且距法定退休年龄不足五年的；

（六）法律、行政法规规定的其他情形。

3. 依员工意愿未缴社会保险，单位违法吗？

【案例】

杨某于某年3月进入某食品公司工作，工作岗位为操作工，双方很快签订了劳动合同。工作期间，食品公司没有为杨某缴纳社会保险。次年6月24日，杨某以食品公司未为其缴纳社会保险为由提出解除劳动合同，并要求支付经济补偿金。食品公司辩称，未为杨某缴纳社会保险的原因是其本人曾向单位写了自愿不缴纳社会保险的保证书，所以未缴纳社会保险的责任在于杨某本人，不同意支付解除劳动合同经济补偿金。劳动争议仲裁委员会审理后认为，根据社会保险法及相关规定，用人单位应自用工之日起三十日内为劳动者办理社会保险缴纳手续。

【法律分析】

杨某入职食品公司工作，虽然写了自愿不缴纳社会保险的保证书，但是依法缴纳社会保险是法律规定的劳动关系双方的义务，用人单位和劳动者必须依法参加社会保险，缴纳社会保险费。根据劳动合同法规定，用人单位未依法为劳动者缴纳社会保险费的，劳动者可以解除劳动合同，用人单位应当向劳动者支付经济赔偿。

【法条链接】

《中华人民共和国劳动法》第七十二条　社会保险基金按照保险类型确定资金来源，逐步实行社会统筹。用人单位和劳动者必须依法参加社会保险，缴纳社会保险费。

《中华人民共和国社会保险法》第五十八条 用人单位应当自用工之日起三十日内为其职工向社会保险经办机构申请办理社会保险登记。未办理社会保险登记的，由社会保险经办机构核定其应当缴纳的社会保险费。

自愿参加社会保险的无雇工的个体工商户、未在用人单位参加社会保险的非全日制从业人员以及其他灵活就业人员，应当向社会保险经办机构申请办理社会保险登记。

国家建立全国统一的个人社会保障号码。个人社会保障号码为公民身份号码。

4. 因办公场所外迁解除劳动合同要支付赔偿金吗？

【案例】

刘某于某年8月13日到某模型公司上班。双方签订三年期劳动合同，合同中未约定工作地点，实际履行地为北京市昌平区某村。两年后，模型公司厂房的租赁合同到期，未能继续签订租赁合同，也未在原址附近找到合适的办公场所，最终决定将厂址迁至河北。模型公司将上述情况提前告知刘某，并承诺提供班车、住宿等条件，但刘某不同意到新地点继续工作。于是，模型公司解除了双方的劳动合同，并依法支付刘某解除劳动合同经济补偿金及额外支付一个月工资来替代提前三十日书面通知解除合同。刘某对此仍然不满意，向劳动争议仲裁委员会提出仲裁申请，要求模型公司支付违法解除劳动合同赔偿金。

【法律分析】

劳动争议仲裁委员会审理后认为，模型公司因厂房租赁合同到期将办公地点从北京迁至河北，与刘某解除劳动合同属于订立劳动合同时所

依据的客观情况发生重大变化，致使劳动合同无法继续履行，经用人单位与劳动者协商，未能就变更劳动合同内容达成一致的情形。模型公司不存在违法解除劳动合同的情形，况且该公司已经支付刘某解除劳动合同经济补偿金和额外的一个月工资，刘某请求支付解除劳动赔偿金没有法律依据，于是驳回了仲裁请求。

【法条链接】

《中华人民共和国劳动合同法》第四十条 有下列情形之一的，用人单位提前三十日以书面形式通知劳动者本人或者额外支付劳动者一个月工资后，可以解除劳动合同：

（一）劳动者患病或者非因工负伤，在规定的医疗期满后不能从事原工作，也不能从事由用人单位另行安排的工作的；

（二）劳动者不能胜任工作，经过培训或者调整工作岗位，仍不能胜任工作的；

（三）劳动合同订立时所依据的客观情况发生重大变化，致使劳动合同无法履行，经用人单位与劳动者协商，未能就变更劳动合同内容达成协议的。

5. 试用期内可以随便辞退员工吗？

【案例】

赵某入职某预算公司担任预算部经理，双方签订了三年期固定期限劳动合同，并约定了三个月的试用期。试用期内，预算公司以赵某表现不合格、所做《土方量审核意见稿》中预算工程量存在严重误

差，不符合录用条件为由与其解除劳动合同。赵某说《土方量审核意见稿》是他发给同事商量、交流看法的草稿，并不是最终他要提交的精确审核意见稿，人事部门作出的评定考核不符合实际，存在随意否定劳动者工作，任意解除试用期劳动合同的违法情形，要求与预算公司继续履行劳动合同。试用期内可以随便辞退员工吗？

【法律分析】

在试用期内用工，也不能随便辞退。有的用人单位认为在试用期内，单位可以随便让劳动者走人，不需要承担什么法律责任，甚至在试用期内任意侵害劳动者的合法权益，一些单位公然规定在试用期内不为劳动者缴纳社会保险等，这些都违反了法律规定，也严重侵害了劳动者的合法权益。按照劳动合同法规定，用人单位只有在证明劳动者不符合录用条件等法律规定的情形，才可以在试用期内解除劳动合同，并应当向劳动者说明理由，否则就可能被仲裁裁决败诉。

【法条链接】

《中华人民共和国劳动合同法》第二十一条 在试用期中，除劳动者有本法第三十九条和第四十条第一项、第二项规定的情形外，用人单位不得解除劳动合同。用人单位在试用期解除劳动合同的，应当向劳动者说明理由。

6. 未签订劳动合同，怎么证明跟单位有劳动关系？

【案例】

赵某到某清洁公司担任清洁工，双方未签订劳动合同，清洁公司也没有为其缴纳社会保险。后来，赵某在擦玻璃时从楼上摔

下死亡，家属要求工伤死亡赔偿。清洁公司否认赵某系该公司的员工，为确认赵某与清洁公司存在劳动关系，死者家属提出仲裁申请。

【法律分析】

依据《劳动和社会保障部关于确立劳动关系有关事项的通知》的相关规定，如果用人单位未与劳动者签订劳动合同，考勤记录、工作证、服务证、缴纳各项社会保险费的记录和同事的证人证言等，都是认定双方存在劳动关系的有利凭证。本案中，赵某虽未与清洁公司签订劳动合同，却一直存在事实劳动关系，清洁公司未依法为赵某缴纳社会保险，其工伤死亡赔偿，由该公司承担。

【法条链接】

《劳动和社会保障部关于确立劳动关系有关事项的通知》

二、用人单位未与劳动者签订劳动合同，认定双方存在劳动关系时可参照下列凭证：

（一）工资支付凭证或记录（职工工资发放花名册）、缴纳各项社会保险费的记录；

（二）用人单位向劳动者发放的“工作证”、“服务证”等能够证明身份的证件；

（三）劳动者填写的用人单位招工招聘“登记表”、“报名表”等招用记录；

（四）考勤记录；

（五）其他劳动者的证言等。

其中，（一）、（三）、（四）项的有关凭证由用人单位负举证责任。

7. 劳务派遣工遭车祸，谁来承担赔偿责任？

【案例】

常某是某劳务派遣公司派遣至某食品公司的员工，在下班途中遭遇车祸，经工伤部门鉴定，其所受伤害已经达到了职工工伤与职业病致残等级标准七级。常某要求劳务派遣公司、食品公司向其支付工伤待遇。劳务派遣公司以社会保险应由食品公司缴纳，劳务派遣协议约定由该公司支付工伤待遇为由拒绝了常某的要求。食品公司则认为常某是劳务派遣员工，是与劳务派遣公司存在劳动关系，工伤待遇理应由劳务派遣公司承担，因此也拒绝了常某的要求，常某只得申请劳动仲裁。

【法律分析】

劳务派遣员工发生工伤，用人用工两东家都有责任。劳动争议仲裁委员会经审理后认为，按照法律规定劳务派遣公司属于用人单位，而食品公司则属于用工单位。劳动合同法规定，用工单位应当履行支付加班费、绩效奖金以及与工作岗位相关福利待遇的义务。常某的社会保险本应由用人单位也就是劳务派遣公司为其缴纳，因未缴纳社会保险造成的工伤待遇损失应由劳务派遣公司承担，同时按法律规定，食品公司作为用工单位，承担工伤保险待遇的连带赔偿责任。

【法条链接】

《中华人民共和国劳动合同法》第六十三条 被派遣劳动者享有与

用工单位的劳动者同工同酬的权利。用工单位应当按照同工同酬原则，对被派遣劳动者与本单位同类岗位的劳动者实行相同的劳动报酬分配办法。用工单位无同类岗位劳动者的，参照用工单位所在地相同或者相近岗位劳动者的劳动报酬确定。

劳务派遣单位与被派遣劳动者订立的劳动合同和与用工单位订立的劳务派遣协议，载明或者约定的向被派遣劳动者支付的劳动报酬应当符合前款规定。

8. 扣发做产检休产假职工工资违法吗？

【案例】

符某怀孕后一直坚持工作，只是按照医生要求定时进行产检，但每次产检公司都将此算作“事假”，并扣发符某相应的事假工资。次年，符某剖宫产生育一女，产假期间公司只按照符某基本工资标准每月向其支付工资。符某于是提起劳动仲裁，请求公司支付产检和产假期间工资差额。

【法律分析】

女职工做产检休产假，期间工资应当照发。怀孕女职工依法享有产检的权利，如在劳动时间内进行产检，所需时间应计入劳动时间，且用人单位应为怀孕女职工适时参加产检提供方便，女职工在劳动时间进行产前检查的，按出勤对待，不能按病假、事假、旷工处理，故公司应支付符某产检期间克扣的工资且在产假期间以每月基本工资标准支付符某产假工资，不符合相关法律规定，应补足工资差额。

【法条链接】

《女职工劳动保护特别规定》第六条第三款 怀孕女职工在劳动时

间内进行产前检查，所需时间计入劳动时间。

《女职工劳动保护特别规定》第八条 女职工产假期间的生育津贴，对已经参加生育保险的，按照用人单位上年度职工月平均工资的标准由生育保险基金支付；对未参加生育保险的，按照女职工产假前工资的标准由用人单位支付。

女职工生育或者流产的医疗费用，按照生育保险规定的项目和标准，对已经参加生育保险的，由生育保险基金支付；对未参加生育保险的，由用人单位支付。

9. 节假日加班索要加班费应注意什么？

【案例】

陈某入职某科研公司，担任调查员一职，正常工作两年后离职。科研公司向其支付工资至离职当日，却拒绝支付赶项目期间的加班费，于是陈某申请劳动仲裁，节假日加班索要加班费应注意什么？

【法律分析】

根据单位的安排加班，员工应注意保留证据。

单位是否需要支付加班费，应当把握以下几个方面：第一，劳动者必须是从事用人单位安排的加班，自行加班不能要求加班费。第二，用人单位安排劳动者在休息日也就是双休日加班的，应当首先安排劳动者倒休，不能安排倒休的，应当按照劳动者的工资标准支付200%的加班费；如果安排劳动者在平时或者法定节假日加班，则不能以倒休为借口不支

付加班费，除非双方另有协议。第三，如果劳动者执行的是非标准工时制，执行不定时工时制的，劳动者无权要求加班费；执行综合工时制的，劳动者可以就超过法定工时部分按照延时加班的标准主张加班费，遇法定节假日上班，有权要求法定节假日的加班费。

虽然法律规定了加班事实的举证责任由劳动者负担，但是劳动者有证据证明单位掌握着其加班事实的证据而拒不提供的，单位要承担不利的后果。

【法条链接】

《中华人民共和国劳动合同法》第三十一条 用人单位应当严格执行劳动定额标准，不得强迫或者变相强迫劳动者加班。用人单位安排加班的，应当按照国家有关规定向劳动者支付加班费。

10. 恶意拖欠工人工资会构成犯罪吗？

【案例】

袁某经营一家工艺厂，从年初开始，该厂长期拖欠工人工资。年底，袁某突然逃匿，手机关机无法联系，该厂员工向当地劳动保障部门投诉。劳动保障部门下发劳动保障监察限期改正指令书，要求工艺厂于12月13日前支付拖欠的工人工资，同日，人民法院对工艺厂的机器设备进行了财产保全，袁某未如期履行，人民法院正式立案调查。当日，袁某到人民法院核对拖欠的工人工资情况，共计29.5万元，经法院调解，袁某答应三天内筹集款项返还所欠工资。袁某到期未履行，并再次逃匿，并改变联系方式。该案最终被移送至公安局立案侦查。

【法律分析】

刑法将恶意欠薪行为入罪，在很大程度上完善了劳动者权利保护体系。通过刑法的强力介入，打击恶意欠薪，震慑无良雇主，保护广大劳动者的合法权益不受侵犯。本案中，袁某以逃匿的消极方法逃避支付劳动者的劳动报酬达29.5万元，且经劳动保障部门责令支付仍不支付，并经人民法院立案后再次逃匿，改变联系方式，其行为已构成拒不支付劳动报酬罪。袁某在案发后自动投案，并如实供述自己的犯罪事实，系自首，依法可从轻处罚。依照刑法规定，认定袁某犯拒不支付劳动报酬罪，判处有期徒刑一年，并处罚金2万元。

【法条链接】

《中华人民共和国刑法》第二百七十六条之一 以转移财产、逃匿等方法逃避支付劳动者的劳动报酬或者有能力支付而不支付劳动者的劳动报酬，数额较大，经政府有关部门责令支付仍不支付的，处三年以下有期徒刑或者拘役，并处或者单处罚金；造成严重后果的，处三年以上七年以下有期徒刑，并处罚金。

单位犯前款罪的，对单位判处罚金，并对其直接负责的主管人员和其他直接责任人员，依照前款的规定处罚。

有前两款行为，尚未造成严重后果，在提起公诉前支付劳动者的劳动报酬，并依法承担相应赔偿责任的，可以减轻或者免除处罚。

预防犯罪

不走歪门邪路　学会自我保护

1. 惩罚小偷，老百姓能否“越俎代庖”？

【案例】

瓜农陈某父子发现自家西瓜被偷，连带瓜地也被糟蹋得一片狼藉。他们怀疑是村里惯偷刘某所为。陈某父子截住刚好路过的刘某，询问他是否偷摘了自家的瓜，刘某很干脆地承认。陈某父子立即抓住了刘某，将他捆绑在路边的电线杆上。刘某在挣扎抗拒中受伤，经鉴定伤情构成六级伤残，后续治疗费大概需要13万元。人民法院以犯故意伤害罪，分别判处陈某父子有期徒刑三年。

【法律分析】

本案中，虽然刘某有盗窃行为，但未经人民法院审判还不是罪犯，即使是罪犯，其合法的权益仍受法律保护。即便侦查部门审讯犯罪嫌疑人，法律也严禁使用暴力手段刑讯逼供。陈某父子将刘某捆绑在电线杆上的做法，肯定不对，在法治社会里，公民的行为应自觉符合法治精神。抓小偷是一回事，如何处置小偷是另外一回事，老百姓可以抓小偷，却不能擅自处置小偷。如何惩处小偷，是公安部门职责范围内的事情，假如老百姓越俎代庖，则不仅违反了法律规定，还可能会由受害者变成违法犯罪者，陈某父子俩落得犯罪这样的结局，悔之晚矣！

【法条链接】

《中华人民共和国刑法》第二百三十四条 故意伤害他人身体的，

处三年以下有期徒刑、拘役或者管制。

犯前款罪，致人重伤的，处三年以上十年以下有期徒刑；致人死亡或者以特别残忍手段致人重伤造成严重残疾的，处十年以上有期徒刑、无期徒刑或者死刑。本法另有规定的，依照规定。

2. 客车上抢夺司机方向盘构成犯罪吗？

【案例】

高某从邓州搭载客车去南阳，客车行驶到某公园附近的公交站牌，高某想下车，客车司机赵某说该处不能停车。高某一看司机没依照自己的要求停车，就抢夺司机赵某的方向盘，司机被迫紧急刹车，索性乘客无人受伤。高某和赵某发生争吵并厮打，司机赵某的左胳膊受了轻微伤。客车上抢夺司机方向盘构成犯罪吗？

【法律分析】

近年来，多地发生在公共交通工具上妨害安全驾驶的行为。有的乘客仅因琐事纷争，对正在驾驶公共交通工具的驾驶人员实施暴力干扰，轻则造成车辆偏离方向或停止行驶，重则造成重大人员伤亡、财产损失，严重危害公共安全。为依法惩治妨害公共交通工具安全驾驶犯罪，2020年12月26日公布的《中华人民共和国刑法修正案（十一）》明确规定，在刑法第一百三十三条之一后增加一条，作为第一百三十三条之二，对妨害公共交通工具安全驾驶的犯罪进一步作出明确规定。

依照《中华人民共和国刑法修正案（十一）》的规定，构成妨害公共交通工具安全驾驶犯罪的行为主体是行驶中的公共交通工具上的驾驶人员和乘客。对妨害公共交通工具安全的两种行为进行规范：第一，乘客对行驶中的公共交通工具的驾驶人员使用暴力或者抢控驾驶操纵装置，干扰公共交通工具正常行驶，危及公共安全；第二，行驶中的公共交通工具的驾驶人员擅离职守，与他人互殴或者殴打他人，危及公共安全。该罪行为须发生在公共交通工具上，所谓公共交通工具，是指公共汽车、公路客运车，大、中型出租车等车辆。该罪保护的法益是公共交通安全，行为人主观上表现为故意。

本案中，人民法院通过审理认定，乘客高某置公共交通安全于不顾，在客车行驶过程中，为泄私愤，殴打、拉拽驾驶人员，虽未造成严重后果，但其行为已危害公共安全，社会危害性较大，已经构成了犯罪。鉴于高某庭审中的认罪悔罪态度好，且案发后对司机积极赔偿并取得谅解，法院从轻判处高某有期徒刑一年零六个月。

【法条链接】

《中华人民共和国刑法修正案（十一）》

二、在刑法第一百三十三条之一后增加一条，作为第一百三十三条之二："对行驶中的公共交通工具的驾驶人员使用暴力或者抢控驾驶操纵装置，干扰公共交通工具正常行驶，危及公共安全的，处一年以下有期徒刑、拘役或者管制，并处或者单处罚金。

"前款规定的驾驶人员在行驶的公共交通工具上擅离职守，与他人互殴或者殴打他人，危及公共安全的，依照前款的规定处罚。

"有前两款行为，同时构成其他犯罪的，依照处罚较重的规定定罪处罚。"

3. 年仅十三周岁杀人，要承担刑事责任吗？

【案例】

赵某年仅十三周岁，自幼被父母抛弃，由年逾古稀的爷爷养大，在学校独来独往，性格孤僻，沉迷网络游戏，后因琐事与同班同学李某产生矛盾。某日，赵某暗藏水果刀进校，寻机对准李某腹部连捅几刀，造成李某脾胃破裂，经抢救无效死亡。案发后，赵某还沉浸在“快意恩仇”中，拒绝悔过，对同学的死亡态度漠然，爷爷无力赔偿受害者损失。赵某要承担刑事责任吗？

【法律分析】

《中华人民共和国刑法修正案（十一）》针对刑事犯罪责任年龄作出调整，明确规定：“已满十二周岁不满十四周岁的人，犯故意杀人、故意伤害罪，致人死亡或者以特别残忍手段致人重伤造成严重残疾，情节恶劣，经最高人民检察院核准追诉的，应当负刑事责任。”也就是说，在“特定情形、特别程序”的前提下，十二至十四周岁未成年人实施严重暴力犯罪也将承担刑事责任。本案中，赵某故意杀人，情节恶劣，已构成犯罪，经最高人民检察院核准追诉的，应当负刑事责任。但因其不满十八周岁，还是未成年人，应当从轻或者减轻处罚。

【法条链接】

《中华人民共和国刑法修正案（十一）》

一、将刑法第十七条修改为：“已满十六周岁的人犯罪，应当负刑事责任。

“已满十四周岁不满十六周岁的人，犯故意杀人、故意伤害致人重伤或者死亡、强奸、抢劫、贩卖毒品、放火、爆炸、投放危险物质罪的，应当负刑事责任。

“已满十二周岁不满十四周岁的人，犯故意杀人、故意伤害罪，致人死亡或者以特别残忍手段致人重伤造成严重残疾，情节恶劣，经最高人民检察院核准追诉的，应当负刑事责任。

“对依照前三款规定追究刑事责任的不满十八周岁的人，应当从轻或者减轻处罚。

“因不满十六周岁不予刑事处罚的，责令其父母或者其他监护人加以管教；在必要的时候，依法进行专门矫治教育。”

4. 醉酒驾驶未发生交通事故，会被处罚吗？

【案例】

石某为长途客运公司司机，负责省会线路夜班车往返驾驶。5月2日，原本为石某的休息日，由于假期返城人员过多，该客运公司临时派石某加一班夜车，由县城开往省城客运站。石某无奈，只好听从公司安排出车。晚上12点左右，已经过了第一个收费路口，石某感觉有些乏累。自认为酒量较好，少量喝酒可以提神，且此时应该没人进行检查了，便喝了两口白酒之后继续行驶。在经过一个路口后，遇上了临时检查的执勤民警，经过现场酒精含量测试，已经达到了醉酒驾驶的标准，属醉酒驾车，石某会被处罚吗？

【法律分析】

营运机动车是指驾驶人为从事以营利为目的的道路运输活动而驾

驶机动车，石某驾驶的大客车即属于营运机动车。本案中，石某经酒精含量测试被认定为醉酒驾车，虽未出现交通事故，根据道路交通安全法和刑法的规定依然要承担法律责任，将由公安机关吊销石某的机动车驾驶证，依法追究危险驾驶罪的刑事责任。鉴于营运机动车事故会带来更为严重的社会危害性，道路交通安全法对醉酒驾驶“营运机动车”的惩罚，比醉酒驾驶“机动车”的惩罚更为严厉。

【法条链接】

《中华人民共和国道路交通安全法》第九十一条第二款 醉酒驾驶机动车的，由公安机关交通管理部门约束至酒醒，吊销机动车驾驶证，依法追究刑事责任；五年内不得重新取得机动车驾驶证。

《中华人民共和国道路交通安全法》第九十一条第四款 醉酒驾驶营运机动车的，由公安机关交通管理部门约束至酒醒，吊销机动车驾驶证，依法追究刑事责任；十年内不得重新取得机动车驾驶证，重新取得机动车驾驶证后，不得驾驶营运机动车。

《中华人民共和国刑法》第一百三十三条之一 在道路上驾驶机动车，有下列情形之一的，处拘役，并处罚金：

（一）追逐竞驶，情节恶劣的；

（二）醉酒驾驶机动车的；

（三）从事校车业务或者旅客运输，严重超过额定乘员载客，或者严重超过规定时速行驶的；

（四）违反危险化学品安全管理规定运输危险化学品，危及公共安全的。

机动车所有人、管理人对前款第三项、第四项行为负有直接责任的，依照前款的规定处罚。

有前两款行为，同时构成其他犯罪的，依照处罚较重的规定定罪处罚。

《中华人民共和国刑法》第一百三十三条之二 对行驶中的公共交通工具的驾驶人员使用暴力或者抢控驾驶操纵装置，干扰公共交通工具正常行驶，危及公共安全的，处一年以下有期徒刑、拘役或者管制，并处或者单处罚金。

前款规定的驾驶人员在行驶的公共交通工具上擅离职守，与他人互殴或者殴打他人，危及公共安全的，依照前款的规定处罚。

有前两款行为，同时构成其他犯罪的，依照处罚较重的规定定罪处罚。

5. 开存在安全隐患的车上路发生事故会被处罚吗？

【案例】

汪某驾驶一辆三轮运输车与陈某驾驶的无牌摩托车相撞，造成陈某受伤入院。交警对事故调查后，认定汪某驾驶的车属于安全设施不全，灯光不符合技术标准、未经检验的机动车，且未靠右侧通行，负事故主要责任；被害人陈某驾驶无号牌摩托车，负事故次要责任。

【法律分析】

本案中，汪某驾驶安全技术性能不符合技术标准、未经检验的机动车上路行驶，未靠道路右侧通行，其行为违反了道路交通安全法关于“机动车实行右侧通行”的规定。

驾驶人驾驶机动车在上路行驶前应对机动车进行安全检查，保持车况良好，这不仅是驾驶人对自己、对他人的生命健康持负责任的态度，而且也是驾驶人应当履行的法律义务。往往提前发现安全隐患，及时采取措施排除，完全能够避免发生交通事故。

【法条链接】

《中华人民共和国道路交通安全法》第二十一条 驾驶人驾驶机动车上道路行驶前，应当对机动车的安全技术性能进行认真检查；不得驾驶安全设施不全或者机件不符合技术标准等具有安全隐患的机动车。

《中华人民共和国道路交通安全法》第三十五条 机动车、非机动车实行右侧通行。

6. 前车不让路，后车能否强行超车？

【案例】

郭某驾驶崭新的小轿车，从县城驶往市区，途中遇到周某驾驶的奔驰轿车，两个车主赌气“飙车”，追逐并行在高速公路上很长一段时间。当车辆准备进市区时，郭某想要强行超车，恰好前方周某驾驶的奔驰轿车正在左转弯。若郭某此时强行超车是否违法？

【法律分析】

若郭某在前车正左转弯时强行超车即违反了道路交通安全法禁止超车的相关规定，属于违法行为。机动车行驶过程中，驾驶人员应保证安全驾驶，禁止在行驶过程中赌气飙车，后车应当与前车保持足以采取紧急制动措施的安全距离，避免造成不必要的安全隐患。

【法条链接】

《中华人民共和国道路交通安全法》第四十三条 同车道行驶的机动车，后车应当与前车保持足以采取紧急制动措施的安全距离。有下列情形之一的，不得超车：

（一）前车正在左转弯、掉头、超车的；

（二）与对面来车有会车可能的；

（三）前车为执行紧急任务的警车、消防车、救护车、工程救险车的；

（四）行经铁路道口、交叉路口、窄桥、弯道、陡坡、隧道、人行横道、市区交通流量大的路段等没有超车条件的。

7. 老师体罚学生会构成犯罪吗？

【案例】

某乡镇中学高二年级正在举行英语竞赛，马某是监考老师。在马某宣布考场纪律时，考生董某一直和旁边的同学说话。马某随即把董某叫上讲台，他听到董某小声嘟囔了一句很不服气的话，大为恼火，觉得自己教师的威严受到了挑衅，抬手便扇了董某两耳光。第二天，马某又将董某带到办公室，让他承认错误，写检讨书。事后，董某感觉耳朵不舒服，被家长带到县医院检查。经鉴定为左耳鼓膜外伤性穿孔，半年后才逐渐康复。人民法院以故意伤害罪判处马某有期徒刑一年零六个月，缓刑两年；由马某及其所在学校赔偿董某治疗及各种费用共 3.9 万元。

【法律分析】

在教育教学中，教师要面向全体学生，对全体学生负责，特别是对于有缺点的学生，要深入了解情况，具体分析原因，并善于发现、培养和调动这些学生身上的积极因素，肯定他们的微小进步，尊重他

们的自尊心，以理服人，不能采用简单粗暴的办法对待学生，更不得体罚或者变相体罚学生，教师体罚学生，经教育不改的，学校或教育行政部门将给予行政处分或解聘，情节严重，触犯刑法的，将依法追究刑事责任。本案中，教师马某因学生董某没有遵守考试纪律，对董某进行粗暴体罚，造成董某左耳鼓膜外伤性穿孔的严重后果，由马某及其所在学校承担连带赔偿责任。另外，因马某的故意伤害行为情节严重，构成了犯罪，还应承担相应的刑事责任。

【法条链接】

《中华人民共和国教师法》第三十七条 教师有下列情形之一的，由所在学校、其他教育机构或者教育行政部门给予行政处分或者解聘：

（一）故意不完成教育教学任务给教育教学工作造成损失的；

（二）体罚学生，经教育不改的；

（三）品行不良、侮辱学生，影响恶劣的。

教师有前款第（二）项、第（三）项所列情形之一，情节严重，构成犯罪的，依法追究刑事责任。

8. 网聊可以随意诽谤他人吗？

【案例】

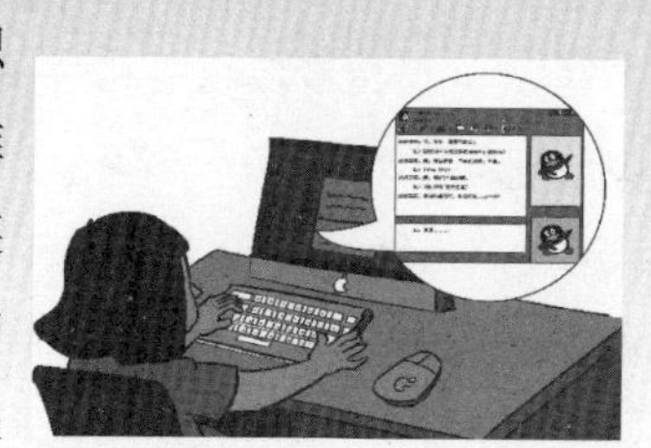

王某和张某是通过社交网站认识的，平时两人不怎么聊天，但无论谁发条动态，两个人都会相互评论。某日，王某看张某发了一条比较搞笑的动态，便回复了一句："你脑子是不是有问题？"结果引起张某的强烈不满，于是两人在网上“开撕”。本以为事情就此结束，但恼羞成怒的张某决定“报复”王某，在社交网站以“爆料”为噱头，搜集王某平时发布在网络空间的图片，进行精心挑选、拼接，并配上戏谑的文字和表情，塑造出王某“虚伪、虚荣、矫情”的网络负面形象，导致王某名誉受损。

【法律分析】

诽谤是指故意捏造并散布虚构的事实，足以贬损他人人格，破坏他人名誉的行为。如果诽谤他人造成严重后果，将构成诽谤罪依法追究刑事责任。张某与王某因网上聊天发生口角，一怒之下编造虚假事实，故意诋毁王某的名誉，侵犯了王某的名誉权，构成诽谤，但情节并不严重，没有造成严重后果，故不构成刑法上的诽谤罪，以治安管理处罚法的相关规定来处罚合理合法。

【法条链接】

《中华人民共和国治安管理处罚法》第四十二条　有下列行为之一的，处五日以下拘留或者五百元以下罚款；情节较重的，处五日以上十日以下拘留，可以并处五百元以下罚款：

（一）写恐吓信或者以其他方法威胁他人人身安全的；

（二）公然侮辱他人或者捏造事实诽谤他人的；

（三）捏造事实诬告陷害他人，企图使他人受到刑事追究或者受到治安管理处罚的；

（四）对证人及其近亲属进行威胁、侮辱、殴打或者打击报复的；

（五）多次发送淫秽、侮辱、恐吓或者其他信息，干扰他人正常生活的；

（六）偷窥、偷拍、窃听、散布他人隐私的。

9. 猎捕珍贵野生动物构成犯罪吗？

【案例】

熊某在禁渔期携带渔网、鱼竿等工具至长江干流丰都河段某水域，捕获2只白鲢鱼和1条胭脂鱼幼鱼，并造成胭脂鱼幼鱼死亡。他所使用的刺网网目尺寸为6厘米，违反该市关于长江干流和嘉陵江、乌江水域网目尺寸不得小于8厘米的相关规定。经鉴定，胭脂鱼属国家二级保护野生动物。人民检察院以熊某涉嫌非法猎捕珍贵野生动物罪、非法捕捞水产品罪提起公诉。

【法律分析】

本案系在长江干流非法猎捕珍贵野生动物引发的刑事案件。胭脂鱼是我国特有的淡水珍贵濒危物种，具有重要的文化和社会、生态价值。熊某在禁渔期和禁渔区内使用禁用的网目小于规定尺寸的刺网捕捞，情节严重；非法捕获的水生动物中包括国家二级保护野生动物胭脂鱼的幼鱼，并造成该幼鱼死亡的后果。两罪竞合，人民法院依法择一重罪，以非法猎捕珍贵野生动物罪定罪量刑，体现了严厉打击"绝户网"和非法捕捞珍贵、濒危水生野生动物违法犯罪行为的价值导向，有力维护长江水域的生态平衡和生物多样性。

【法条链接】

《中华人民共和国刑法》第三百四十一条 非法猎捕、杀害国家重点保护的珍贵、濒危野生动物的，或者非法收购、运输、出售国家重点保护的珍贵、濒危野生动物及其制品的，处五年以下有期徒刑或者拘役，并处罚金；情节严重的，处五年以上十年以下有期徒刑，并处罚金；情节特别严重的，处十年以上有期徒刑，并处罚金或者没收财产。

违反狩猎法规，在禁猎区、禁猎期或者使用禁用的工具、方法进行狩猎，破坏野生动物资源，情节严重的，处三年以下有期徒刑、拘役、管制或者罚金。

违反野生动物保护管理法规，以食用为目的非法猎捕、收购、运输、出售第一款规定以外的在野外环境自然生长繁殖的陆生野生动物，情节严重的，依照前款的规定处罚。

《中华人民共和国刑法》第三百四十条 违反保护水产资源法规，在禁渔区、禁渔期或者使用禁用的工具、方法捕捞水产品，情节严重的，处三年以下有期徒刑、拘役、管制或者罚金。

10. 故意传播虚假疫情信息会被判刑吗？

【案例】

刘某在北京市通州区某小区暂住地内，利用微信编造其感染新型冠状病毒后到公共场所，通过咳嗽方式向他人传播病毒的虚假信息，发送至其另一微信号，并将聊天记录截图后通过微信朋友圈、微信群、QQ 群广泛散播，并被大量转发。公安机关掌握该信息后，采取了紧急应对措施，及时制止虚假信息进一步扩散，造成不必要的恐慌。刘某的行为违法吗？

【法律分析】

刘某在疫情防控期间编造虚假疫情信息，在信息网络上传播，严重扰乱社会秩序，其行为构成编造、故意传播虚假信息罪。刘某被捕后如实供述自己的犯罪事实，认罪认罚，被依法判处有期徒刑八个月。

【法条链接】

《中华人民共和国刑法》第二百九十一条之一 投放虚假的爆炸性、毒害性、放射性、传染病病原体等物质，或者编造爆炸威胁、生化威胁、放射威胁等恐怖信息，或者明知是编造的恐怖信息而故意传播，严重扰乱社会秩序的，处五年以下有期徒刑、拘役或者管制；造成严重后果的，处五年以上有期徒刑。

编造虚假的险情、疫情、灾情、警情，在信息网络或者其他媒体上传播，或者明知是上述虚假信息，故意在信息网络或者其他媒体上传播，严重扰乱社会秩序的，处三年以下有期徒刑、拘役或者管制；造成严重后果的，处三年以上七年以下有期徒刑。

11. 无罪遭逮捕能否申请精神损害赔偿？

【案例】

朱某因涉嫌合同诈骗罪，被刑事拘留，同年6月1日，被执行逮捕。后来，人民法院以指控证据不足为由，判决宣告朱某无罪，当庭释放。朱某能否以无罪遭逮捕为由申请精神损害赔偿？

【法律分析】

国家机关及其工作人员行使职权时侵犯公民人身权，严重影响受害人正常的工作、生活，导致其精神极度痛苦，属于致人精神损害造成严重后果。赔偿义务机关除在侵权行为影响范围内为受害人消除影响、恢复名誉、赔礼道歉外，还应当结合侵权行为的手段、场合、方式等具体情节，根据侵权行为造成的后果，以及当地居民平均生活水平等综合因素，支付相应的精神损害抚慰金。

【法条链接】

《中华人民共和国国家赔偿法》第十七条 行使侦查、检察、审判职权的机关以及看守所、监狱管理机关及其工作人员在行使职权时有下列侵犯人身权情形之一的，受害人有取得赔偿的权利：

（一）违反刑事诉讼法的规定对公民采取拘留措施的，或者依照刑事诉讼法规定的条件和程序对公民采取拘留措施，但是拘留时间超过刑事诉讼法规定的时限，其后决定撤销案件、不起诉或者判决宣告无罪终止追究刑事责任的；

（二）对公民采取逮捕措施后，决定撤销案件、不起诉或者判决宣告无罪终止追究刑事责任的；

（三）依照审判监督程序再审改判无罪，原判刑罚已经执行的；

（四）刑讯逼供或者以殴打、虐待等行为或者唆使、放纵他人以殴打、虐待等行为造成公民身体伤害或者死亡的；

（五）违法使用武器、警械造成公民身体伤害或者死亡的。

《中华人民共和国国家赔偿法》第三十五条 有本法第三条或者第十七条规定情形之一，致人精神损害的，应当在侵权行为影响的范围内，为受害人消除影响，恢复名誉，赔礼道歉；造成严重后果的，应当支付相应的精神损害抚慰金。

依法维权

与 法 同 行 做 法 律 明 白 人

1. 困难群众打官司请不起律师怎么办?

【案例】

邓某在自家试图通过点燃潮湿的木炭产生一氧化碳自杀。他用胶带将窗户和门口的缝隙封堵，后因木炭燃烧的烟雾过大感觉不适，遂将木炭转移至卫生间。一氧化碳通过卫生间的排风系统漫溢至楼上，导致楼上居住的王某吸入中毒死亡。邓某经抢救生还，留下反应迟钝、记忆力衰退的后遗症。王某家属准备向邓某索赔，因家庭经济困难请不起律师，遂向法律援助中心寻求救济。

【法律分析】

困难群众打官司请不起律师，可以申请法律援助。公民申请法律援助应当提交下列证件、证明材料：（1）身份证或者其他有效的身份证明，代理申请人还应当提交有代理权的证明；（2）经济困难的证明；（3）与所申请法律援助事项有关的案件材料。

申请应当采用书面形式，填写申请表；以书面形式提出申请确有困难的，可以口头申请，由法律援助机构工作人员或者代为转交申请的有关机构工作人员作书面记录。法律援助机构收到法律援助申请后，应当进行审查；认为申请人提交的证件、证明材料不齐全的，可以要求申请人作出必要的补充或者说明，申请人未按要求作出补充或者说明的，视

为撤销申请；认为申请人提交的证件、证明材料需要查证的，由法律援助机构向有关机关、单位查证。对符合法律援助条件的，法律援助机构应当及时决定提供法律援助；对不符合法律援助条件的，应当书面告知申请人理由。

【法条链接】

《法律援助条例》第十条 公民对下列需要代理的事项，因经济困难没有委托代理人的，可以向法律援助机构申请法律援助：

（一）依法请求国家赔偿的；

（二）请求给予社会保险待遇或者最低生活保障待遇的；

（三）请求发给抚恤金、救济金的；

（四）请求给付赡养费、抚养费、扶养费的；

（五）请求支付劳动报酬的；

（六）主张因见义勇为行为产生的民事权益的。

省、自治区、直辖市人民政府可以对前款规定以外的法律援助事项作出补充规定。

公民可以就本条第一款、第二款规定的事项向法律援助机构申请法律咨询。

2. 向儿子索要赡养费能申请法律援助吗？

【案例】

王某今年七十六岁，患风湿性关节炎，治疗了很久，也吃了很多药，但病情一直不见好，儿子王小某认为父亲的病已经很难好转，终将成为累赘，逐渐心生厌弃，不再向父亲支付赡养费。王某知道小儿子的做法后痛苦万分，想要状告王小某，但之前看病吃药花费了大量的积蓄，王某没有经济能力聘请律师。王某听说可以申请法律援助，但又不知道自己的情形是否属于法律援助的范围。

【法律分析】

依据法律援助条例的规定，公民对下列需要代理的事项，因经济困难没有委托代理人的，可以向法律援助机构申请法律援助：（1）依法请求国家赔偿的；（2）请求给予社会保险待遇或者最低生活保障待遇的；（3）请求发给抚恤金、救济金的；（4）请求给付赡养费、抚养费、扶养费的；（5）请求支付劳动报酬的；（6）主张因见义勇为行为产生的民事权益的。王某起诉儿子索要赡养费，属于可以申请法律援助的范围。

【法条链接】

《法律援助条例》第十条 公民对下列需要代理的事项，因经济困难没有委托代理人的，可以向法律援助机构申请法律援助：

（一）依法请求国家赔偿的；

（二）请求给予社会保险待遇或者最低生活保障待遇的；

（三）请求发给抚恤金、救济金的；

（四）请求给付赡养费、抚养费、扶养费的；

（五）请求支付劳动报酬的；

（六）主张因见义勇为行为产生的民事权益的。

省、自治区、直辖市人民政府可以对前款规定以外的法律援助事项作出补充规定。

公民可以就本条第一款、第二款规定的事项向法律援助机构申请法律咨询。

3. 如何确定劳动争议发生之日？

【案例】

朱某入职一家公司工作。因公司处于销售淡季，几乎没有营业收入，连续五个月一直没发工资，朱某也一直没有找公司结算。此种情况下，朱某若是申请劳动仲裁，应该如何确定劳动争议发生之日？

【法律分析】

朱某可以申请劳动仲裁，对仲裁裁决不服的，可以向人民法院提起诉讼。我国劳动法规定，劳动争议发生后，当事人可以向本单位劳动争议调解委员会申请调解；调解不成，当事人一方要求仲裁的，可以向劳动争议仲裁委员会申请仲裁。当事人一方也可以直接向劳动争议仲裁委员会申请仲裁。对仲裁裁决不服的，可以向人民法院提起诉讼。

如果公司能够证明已经书面通知朱某拒付工资，则书面通知之日为劳动争议发生之日。如果公司不能证明，则朱某主张权利之日为劳动争议发生之日。

【法条链接】

《中华人民共和国劳动法》第七十九条 劳动争议发生后，当事人可以向本单位劳动争议调解委员会申请调解；调解不成，当事人一方要求仲裁的，可以向劳动争议仲裁委员会申请仲裁。当事人一方也可以直接向劳动争议仲裁委员会申请仲裁。对仲裁裁决不服的，可以向人民法院院提起诉讼。

《中华人民共和国劳动法》第八十二条 提出仲裁要求的一方应当自劳动争议发生之日起六十日内向劳动争议仲裁委员会提出书面申请。仲裁裁决一般应在收到仲裁申请的六十日内作出。对仲裁裁决无异议的，当事人必须履行。

《中华人民共和国劳动法》第八十三条 劳动争议当事人对仲裁裁决不服的，可以自收到仲裁裁决书之日起十五日内向人民法院提起诉讼。一方当事人在法定期限内不起诉又不履行仲裁裁决的，另一方当事人可以申请人民法院强制执行。

4. 信访能化解难题，维护公民合法权益吗？

【案例】

近年来，在经济快速发展，社会加速转型的新形势下，因各种利益诉求导致的矛盾纠纷和信访问题不断产生。为解决信访问题，何某坚持人民调解和信访工作相结合，不仅为当事人排忧解难，同时也为政府一心一意谋发展营造了良好环境。何某在指导各村调解组织做好预防调处矛盾纠纷的同时，对于一些疑难复杂的矛盾纠纷和信访积案，亲自上阵，法、理、情并用，想方设法予以化解。一场责任田边界纠纷让两家邻居仇视了十几年，双方争吵不断，持续上访，何某连续九天驻村调解，重新丈量地基，最终使双方冰释前嫌，达成一致意见，并签订“备忘录”。

【法律分析】

公民、法人或者其他组织因国家机关及其工作人员的职务行为，侵害其合法权益，可以通过书信、电子邮件、传真、电话、走访等形式，向有关行政机关提出信访事项，维护合法权益。

【法条链接】

《信访条例》第二条 本条例所称信访，是指公民、法人或者其他组织采用书信、电子邮件、传真、电话、走访等形式，向各级人民政府、县级以上人民政府工作部门反映情况，提出建议、意见或者投诉请求，依法由有关行政机关处理的活动。

采用前款规定的形式，反映情况，提出建议、意见或者投诉请求的公民、法人或者其他组织，称信访人。

《信访条例》第十四条 信访人对下列组织、人员的职务行为反映情况，提出建议、意见，或者不服下列组织、人员的职务行为，可以向有关行政机关提出信访事项：

（一）行政机关及其工作人员；

（二）法律、法规授权的具有管理公共事务职能的组织及其工作人员；

（三）提供公共服务的企业、事业单位及其工作人员；

（四）社会团体或者其他企业、事业单位中由国家行政机关任命、派出的人员；

（五）村民委员会、居民委员会及其成员。

对依法应当通过诉讼、仲裁、行政复议等法定途径解决的投诉请求，信访人应当依照有关法律、行政法规规定的程序向有关机关提出。

5. 信访是否适用回避原则？

【案例】

村干部常某未经村民代表会议讨论，私自将几户村民的土地承包给自己的亲戚，村民何某不满常某的做法来到县里上访。信访办的工作人员王某收到何某的材料后，以材料不齐、负责人不在等理由让何某回去等通知。何某见事情没有得到重视拒不离开，并招来亲友围在信访办门口，造成交通拥堵，围观群众越来越多。刚从外地开会回来的信访办副主任李某见状，了解情况后，将围观群众劝散。李某认真接待了何某，将其信访材料交工作人员登记，耐心听取情况并进行记录。李某经了解发现信访办工作人员王某与该村干部常某是亲戚关系，李某对王某进行了批评并责令其马上回避。

【法律分析】

何某对村干部常某擅自处分土地承包权事项进行上访，而信访办的工作人员王某与常某是亲戚关系。王某与信访事项有着直接利害关系，应当回避。在信访过程中，信访人何某带着亲友围在信访办门口，造成交通拥堵的行为是不对的，信访人应当自觉维护社会公共秩序和信访秩序，选择理性的方式进行信访。

【法条链接】

《信访条例》第三十条 行政机关工作人员与信访事项或者信访人

有直接利害关系的，应当回避。

《民政信访工作办法》第十条 民政信访工作人员遵守下列规定：

（一）尊重信访人，不得刁难、歧视信访人；

（二）恪尽职守，秉公办事，依法及时处理信访事项，不得推诿、敷衍、拖延；

（三）妥善保管信访材料，不得丢失、隐匿或者擅自销毁；

（四）遵守保密制度，不得将信访人的检举、揭发材料及有关情况透露或者转给被检举、揭发的人员或者单位；

（五）与信访事项或者信访人有直接利害关系的，应当回避。

6. 具备哪些条件才能采取强制医疗措施？

【案例】

段某自幼患有间歇性精神分裂症，辍学后在社会上流浪，无人照管以行窃为生。某年3月，段某窜至一小区内行窃时被事主发现，便用随身携带的刀子将事主刺成重伤后逃走。人民检察院以抢劫罪起诉到人民法院，被害人的家属提起附带民事诉讼。人民法院经判决，以抢劫罪判处段某有期徒刑十年，赔偿受害人3万元。段某以定性不准、量刑过重为由提起上诉。中级人民法院二审发现段某符合强制医疗条件，决定发回原审人民法院重新审理。

原审人民法院对段某依法进行了精神病鉴定，鉴定结论显示段某患有精神分裂症，是无民事行为能力人。人民法院组成合议庭公开审理，检察官马某、被告人段某及其法律援助律师出庭分别发表

意见。庭审后，合议庭作出对段某予以强制医疗的决定。

【法律分析】

根据刑事诉讼法规定，强制医疗必须满足以下条件：（1）行为人必须实施了暴力行为，危害公共安全或者严重危害公民人身安全；（2）行为人必须属于经法定程序鉴定依法不负刑事责任的精神病人；（3）行为人必须有继续危害社会可能的。行为人必须同时符合以上三个条件，才可以予以强制医疗。本案中，段某经过法定程序鉴定确认其属于不能辨认和不能控制自己行为的精神病人，而且有继续危害社会可能，故人民法院作出对其进行强制医疗的决定。

【法条链接】

《中华人民共和国刑事诉讼法》第三百零二条　实施暴力行为，危害公共安全或者严重危害公民人身安全，经法定程序鉴定依法不负刑事责任的精神病人，有继续危害社会可能的，可以予以强制医疗。

《中华人民共和国刑事诉讼法》第三百零四条　人民法院受理强制医疗的申请后，应当组成合议庭进行审理。

人民法院审理强制医疗案件，应当通知被申请人或者被告人的法定代理人到场。被申请人或者被告人没有委托诉讼代理人的，人民法院应当通知法律援助机构指派律师为其提供法律帮助。

7. 取保候审需要满足哪些条件？

【案例】

某国有公司涉嫌偷税漏税，公安机关立案侦查，经人民检察院

批准，公安机关将该公司经理王某依法逮捕。犯罪嫌疑人王某聘请的律师向公安机关提出取保候审的申请，公安机关提出需交纳5万元保证金或提供保证人。律师向公安机关交纳了5万元保证金，王某被取保候审。

【法律分析】

取保候审作为一种不剥夺犯罪嫌疑人、被告人人身自由的强制措施，要起到确保犯罪嫌疑人、被告人及时到案、不妨碍刑事诉讼正常进行的作用，必须有能够对被取保候审的人有约束力的措施。刑事诉讼法规定了提出保证人或交纳保证金的两种保证措施。这两种措施的目的，都是担保被取保候审人遵守取保候审的规定，体现对被取保候审的犯罪嫌疑人、被告人的约束力，从而保证诉讼活动顺利进行。根据法律规定，人民法院、人民检察院和公安机关应责令申请取保候审的犯罪嫌疑人、被告人提出保证人或者交纳保证金，但不能要求被取保候审的人同时提供保证人和交纳保证金。本案中，对王某采取取保候审不致发生社会危险性，所以在其提供保证金的情况下，公安机关同意取保候审。

【法条链接】

《中华人民共和国刑事诉讼法》第六十七条 人民法院、人民检察院和公安机关对有下列情形之一的犯罪嫌疑人、被告人，可以取保候审：

（一）可能判处管制、拘役或者独立适用附加刑的；

（二）可能判处有期徒刑以上刑罚，采取取保候审不致发生社会危险性的；

（三）患有严重疾病、生活不能自理，怀孕或者正在哺乳自己婴儿的妇女，采取取保候审不致发生社会危险性的；

（四）羁押期限届满，案件尚未办结，需要采取取保候审的。

取保候审由公安机关执行。

《中华人民共和国刑事诉讼法》第六十八条 人民法院、人民检察院和公安机关决定对犯罪嫌疑人、被告人取保候审，应当责令犯罪嫌疑人、被告人提出保证人或者交纳保证金。

8. 补充侦查是否有次数限制？

【案例】

市公安局对刘某、张某持刀抢劫致人重伤一案立案侦查，经侦查查明，刘某、张某实施抢劫犯罪事实清楚，依法应当追究刑事责任。刘某、张某抢劫案侦查终结，移送市人民检察院审查起诉。市人民检察院审查后，认为该案部分事实证据不足，遂退回市公安局补充侦查。补充侦查完毕，再次移送市人民检察院。市人民检察院依旧认为事实不清、证据不足，退回补充侦查，那么，补充侦查是否有次数限制？

【法律分析】

补充侦查分为退回补充侦查和自行补充侦查。前者是指作出补充侦查决定的人民检察院将案件退回原侦查机关或部门进行补充侦查；后者是指决定补充侦查的人民检察院不再将案件退回公安机关而由本院侦查部门进行补充侦查。补充侦查以二次为限，每次都应在一个月内完成。补充侦查的案件移送检察院后，重新计算侦查羁押期限。案件经补充侦查后，检察机关仍然认为证据不足，不符合起诉条件的，可以作出不起诉的决定。证据不足不起诉，包括经一次补充侦查，认为证据不足，不

符合起诉条件，且没有必要再补充侦查的；也包括经两次补充侦查，证据仍然不足，不符合起诉条件的。

【法条链接】

《中华人民共和国刑事诉讼法》第一百七十五条 人民检察院审查案件，可以要求公安机关提供法庭审判所必需的证据材料；认为可能存在本法第五十六条规定的以非法方法收集证据情形的，可以要求其对证据收集的合法性作出说明。

人民检察院审查案件，对于需要补充侦查的，可以退回公安机关补充侦查，也可以自行侦查。

对于补充侦查的案件，应当在一个月以内补充侦查完毕。补充侦查以二次为限。补充侦查完毕移送人民检察院后，人民检察院重新计算审查起诉期限。

对于二次补充侦查的案件，人民检察院仍然认为证据不足，不符合起诉条件的，应当作出不起诉的决定。

9. 行政诉讼的对象必须是公务行为吗？

【案例】

某公安干警王某在一次私人酒宴上与酒店老板李某发生争执，砸坏了酒店内的一台进口彩电。李某多次向王某索赔无果，便要求王某所在单位县公安局予以赔偿，被拒绝。李某遂以县公安局为被告，向县人民法院提起行政诉讼，请求法院判令县公安局赔偿自己的损失。法院审查后决定不予受理，并建议李某以王某为被告，另行提起民事诉讼。

【法律分析】

本案中，王某虽然是公安局的工作人员，但他砸毁彩电的行为，不是职务行为，也不是以公安局的名义进行的，不属于行政行为，而是应由他本人负责的普通的民事行为，因而对于该行为提起的诉讼应为民事诉讼，而不是行政诉讼。

【法条链接】

《最高人民法院关于适用〈中华人民共和国行政诉讼法〉的解释》

第一条 公民、法人或者其他组织对行政机关及其工作人员的行政行为不服，依法提起诉讼的，属于人民法院行政诉讼的受案范围。

下列行为不属于人民法院行政诉讼的受案范围：

（一）公安、国家安全等机关依照刑事诉讼法的明确授权实施的行为；

（二）调解行为以及法律规定的仲裁行为；

（三）行政指导行为；

（四）驳回当事人对行政行为提起申诉的重复处理行为；

（五）行政机关作出的不产生外部法律效力的行为；

（六）行政机关为作出行政行为而实施的准备、论证、研究、层报、咨询等过程性行为；

（七）行政机关根据人民法院的生效裁判、协助执行通知书作出的执行行为，但行政机关扩大执行范围或者采取违法方式实施的除外；

（八）上级行政机关基于内部层级监督关系对下级行政机关作出的听取报告、执法检查、督促履责等行为；

（九）行政机关针对信访事项作出的登记、受理、交办、转送、复查、复核意见等行为；

（十）对公民、法人或者其他组织权利义务不产生实际影响的行为。

10. 打官司怎样才能找对门？

【案例】

张某出差在外，因停车与王某发生口角。王某喊来朋友刘某和肖某助阵，混乱中，张某被一块砖头砸中腹部，疼痛难忍，送医院就诊后发现脾脏受损，花去医疗费近万元。张某多次找侵权人要求赔偿医疗费无果，遂向人民法院提起诉讼。张某应该到哪个法院起诉？

【法律分析】

根据民事诉讼法规定，侵权行为发生后，受害人既可以向侵权行为地人民法院起诉，也可以向被告住所地人民法院起诉。因人身损害提起诉讼的，侵权行为地和被告住所地人民法院都有管辖权。侵权行为是指加害人不法侵害他人财产和人身权利的行为。侵权行为地包括侵害行为实施地和侵权结果发生地。本案性质属于因共同危险行为引起的侵权行为。王某、刘某和肖某三位侵权人若不在同一区域居住，属于不同司法管辖区域。那么，张某可以选择向侵权行为发生地或三个被告任一住所地人民法院起诉。

【法条链接】

《中华人民共和国民事诉讼法》第二十八条 因侵权行为提起的诉讼，由侵权行为地或者被告住所地人民法院管辖。

11. 申请回避需要什么理由？

【案例】

某日，王某与刘某打架斗殴导致王某受伤，王某起诉到人民法院要求刘某赔偿损失。人民法院开庭审理此案，在法庭辩论阶段，王某向人民法院提交书面申请，申请审判员朱某回避。王某认为，朱某是刘某的学生，学生当然会作出有利于老师的判决，故提出回避申请。

经调查，刘某曾是某中学的教师，朱某是该中学的毕业生，但朱某入学时，刘某已经由于打架斗殴被学校开除公职，朱某与刘某并不认识。法院院长认为，申请人王某申请回避的理由不符合回避的法定情形，遂驳回王某要求审判员朱某回避的申请。王某不服，要求复议一次。法院经复议，在第三日作出复议决定，维持驳回王某回避申请的决定，并通知了王某。

【法律分析】

回避是指承办案件的审判人员和其他人员与本案有利害关系或者其他关系，可能影响案件公正审理的，经一定程序退出对本案的审理，包括自行回避和当事人申请回避。回避是人民法院审理案件的基本制度，也是当事人的一项重要诉讼权利。规定回避制度的目的：一是避开可能干预公正审理的嫌疑，使案件能够顺利进行；二是避免审判人员或者有关人员利用权力弄虚作假，徇私舞弊，影响裁决的公正性。

本案中，法院驳回王某的回避申请是正确的。因为刘某与朱某之间

不存在利害关系，也不存在其他可能影响案件公正审理的关系，王某的回避申请并无法律依据。

【法条链接】

《中华人民共和国民事诉讼法》第四十五条 当事人提出回避申请，应当说明理由，在案件开始审理时提出；回避事由在案件开始审理后知道的，也可以在法庭辩论终结前提出。

被申请回避的人员在人民法院作出是否回避的决定前，应当暂停参与本案的工作，但案件需要采取紧急措施的除外。

《中华人民共和国民事诉讼法》第四十七条 人民法院对当事人提出的回避申请，应当在申请提出的三日内，以口头或者书面形式作出决定。申请人对决定不服的，可以在接到决定时申请复议一次。复议期间，被申请回避的人员，不停止参与本案的工作。人民法院对复议申请，应当在三日内作出复议决定，并通知复议申请人。

12. 什么是第三人撤销之诉？

【案例】

杨某开设了一家古玩店，因收购藏品需巨额资金周转，遂以号称“镇店之宝”的翡翠观音作为抵押物，向典当行抵押借款200万元，但翡翠观音仍然摆放在杨某店里。后古玩店经营不善，进入亏损状态，无力如期偿还借款，典当行遂向法院起诉杨某。

法院经过审理，确认抵押借款合同有效，杨某无力还贷，遂判决翡翠观音归典当行所有，以折价方式清偿200万元借款及利息。判决生效后，杨某未在规定期限内履行该判决，交付翡翠观音，典当行遂向法院申请强制执行。在执行过程中，案外人商某向法院提出执行异议，声称该翡翠观音属于自己，杨某无权抵押。并称当初杨某开设古玩店需要有“镇店之宝”装点门面，经杨某再三请求，商某才将自己的翡翠观音借给其使用半年，杨某为此还支付了6万元的借用费，并约定杨某不得处分该翡翠观音，如造成损失，商某有权索赔。法院经审查，认为商某提出的执行异议所陈述的事实没有充分的证据，遂裁定驳回商某的异议。

【法律分析】

第三人撤销之诉，是指未参加诉讼的第三人，有证据证明发生法律效力的判决、裁定、调解书的部分或者全部内容错误，损害其民事权益的，向作出该判决、裁定、调解书的人民法院提起诉讼，请求改变或者撤销原判决、裁定、调解书的制度。第三人提出撤销之诉应当满足以下条件：一是因不能归责于自己的事由未参加诉讼；二是有证据证明发生法律效力的判决、裁定、调解书的部分或者全部内容错误，损害其民事权益；三是自知道或者应当知道其民事权益受到损害之日起六个月内提起该诉讼。本案中，商某不可以提出执行异议之诉。因为商某主张被抵押的翡翠观音属自己所有，遂对法院执行提出异议，而该执行异议与原判决有关，因此不能仅提起执行异议之诉，商某应提起第三人撤销之诉或以案外人身份申请再审。

【法条链接】

《中华人民共和国民事诉讼法》第五十六条 对当事人双方的诉讼标的，第三人认为有独立请求权的，有权提起诉讼。

对当事人双方的诉讼标的，第三人虽然没有独立请求权，但案件处理结果同他有法律上的利害关系的，可以申请参加诉讼，或者由人民法院通知他参加诉讼。人民法院判决承担民事责任的第三人，有当事人的诉讼权利义务。

前两款规定的第三人，因不能归责于本人的事由未参加诉讼，但有证据证明发生法律效力的判决、裁定、调解书的部分或者全部内容错误，损害其民事权益的，可以自知道或者应当知道其民事权益受到损害之日起六个月内，向作出该判决、裁定、调解书的人民法院提起诉讼。人民法院经审理，诉讼请求成立的，应当改变或者撤销原判决、裁定、调解书；诉讼请求不成立的，驳回诉讼请求。

《中华人民共和国民事诉讼法》第二百二十七条 执行过程中，案外人对执行标的提出书面异议的，人民法院应当自收到书面异议之日起十五日内审查，理由成立的，裁定中止对该标的的执行；理由不成立的，裁定驳回。案外人、当事人对裁定不服，认为原判决、裁定错误的，依照审判监督程序办理；与原判决、裁定无关的，可以自裁定送达之日起十五日内向人民法院提起诉讼。

13. 人民法院的调解书可以申请强制执行吗？

【案例】

孔某与李某合伙经营一家火锅店，后因经营理念不合，孔某唆使赵某兄弟寻衅将李某打成轻微伤。李某委托李律师向法院起诉赵某兄弟，要求其赔偿经济损失2.5万元，精神损

失5000元，并提供了医院诊断书、处方、出租车票、发票、目击者周某的书面证言等证据。法院认定孔某是必须参加诉讼的当事人，遂通知孔某参加诉讼。因孔某唆使赵某兄弟将李某打成轻微伤，尚不构成刑事犯罪，可以进行调解。在法庭的主持下，各方达成调解协议，李某放弃精神损害赔偿，孔某承诺立即向李某支付赔偿金1.5万元，赵某兄弟在7日内向李某支付赔偿金1万元，孔某和李某同意继续合伙经营。法院制作调解书送达各方后结案。若他们不按法院调解书履行赔偿义务，可以强制执行吗？

【法律分析】

法院调解是以当事人行使诉权为基础、以当事人意思自治为条件、以当事人依法行使处分权为内容的一项诉讼制度。对当事人而言，法院调解是当事人通过友好协商处分实体权利和诉讼权利的一种表现，对法院而言，法院调解是法院审判人员在充分尊重当事人行使处分权的基础上解决民事纠纷的一种职权行为，是法院行使审判权的一种方式。

本案中，因孔某是必须参加诉讼的当事人，人民法院应当通知孔某参加诉讼。根据当事人自愿的原则，在人民法院审判人员的主持下，当事人李某、孔某和赵某兄弟就赔偿金问题，自行协商，达成了和解。如孔某和赵某兄弟反悔，李某可根据调解书向法院申请强制执行。

【法条链接】

《中华人民共和国民事诉讼法》第九十三条 人民法院审理民事案件，根据当事人自愿的原则，在事实清楚的基础上，分清是非，进行调解。

《中华人民共和国民事诉讼法》第二百五十二条 对判决、裁定和其他法律文书指定的行为，被执行人未按执行通知履行的，人民法院可以强制执行或者委托有关单位或者其他人完成，费用由被执行人承担。

14. 哪些情形会发回重审？

【案例】

居住在甲市A区的王某驾车以每小时60公里的速度在甲市B区行驶，突遇居住在甲市C区的刘某骑自行车横穿马路，王某紧急刹车，刘某在车前倒地受伤。刘某被送往甲市B区医院治疗，疗效一般，留下后遗症。之后，双方就受伤赔偿事宜发生争执，无法达成协议。刘某诉至人民法院，主张自己被王某开车撞伤，要求赔偿。王某提交了自己在事故现场用数码摄像机拍摄的视频资料。图像显示，刘某倒地位置与王某的车距离1米左右。王某以此证明自己的车没有撞到刘某。一审中，双方争执焦点有两个：（1）刘某倒地受伤是否为王某驾车撞倒所致；（2）刘某所留后遗症是否因医疗措施不当所致。

一审法院审理认为，王某的车是否撞倒刘某无法确定，但即使王某的车没有撞倒刘某，由于王某车型较大、车速较快、刹车突然、刹车声音刺耳等原因，足以使刘某受到惊吓而从自行车上摔倒受伤。因此，王某应当对刘某受伤承担相应责任。同时，刘某因违反交通规则，也应当承担部分责任。据此，法院判决王某对刘某的经济损失承担50%的赔偿责任。关于刘某受伤后留下后遗症问题，一审法院没有作出说明。王某不服一审判决，提起上诉。二审法院审理后认为，一审法院认定案件事实不清，适用法律错误，裁定发回重审。哪些情形会发回重审？

【法律分析】

发回重审是二审法院经过对一审上诉案件审理，认为一审法院的判决认定事实不清，证据不足；或者一审判决违反法定程序，可能影响案件正确判决；或者一审判决遗漏当事人、诉讼请求等，由二审法院作出撤销一审判决的裁定，将案件发回一审法院重新审理的审判制度。

本案中，一审法院判决存在如下问题：（1）判决没有针对案件的争议焦点作出事实认定；（2）在案件争执的法律要件事实真伪不明的情况下，法院没有根据证明责任原理来作出判决。故此，二审法院裁定发回重审。

【法条链接】

《中华人民共和国民事诉讼法》第一百七十条 第二审人民法院对上诉案件，经过审理，按照下列情形，分别处理：

（一）原判决、裁定认定事实清楚，适用法律正确的，以判决、裁定方式驳回上诉，维持原判决、裁定；

（二）原判决、裁定认定事实错误或者适用法律错误的，以判决、裁定方式依法改判、撤销或者变更；

（三）原判决认定基本事实不清的，裁定撤销原判决，发回原审人民法院重审，或者查清事实后改判；

（四）原判决遗漏当事人或者违法缺席判决等严重违反法定程序的，裁定撤销原判决，发回原审人民法院重审。

原审人民法院对发回重审的案件作出判决后，当事人提起上诉的，第二审人民法院不得再次发回重审。

15. 遭受丈夫的家庭暴力怎么让他远离？

【案例】

申请人陈某与被申请人段某系夫妻关系。双方婚后因工作原因分居，仅在周末、假日共同居住生活，婚姻感情基础一般。段某常因生活琐事责骂陈某，两人常常因言语不合发生争吵，动起手来。某年5月5日，双方因琐事再次发生争吵，陈某在遭到段某拳打脚踢后报警。公安分局出警处理，决定给予段某拘留十日，并处罚款500元的行政处罚。因段某及其父母扬言要在拘留期满后上门打击报复陈某及其父母，陈某于同年5月17日向人民法院申请人身安全保护令。

【法律分析】

因段某尚在拘留所行政拘留，人民法院依法适用简易程序进行缺席听证，发出人身安全保护令。在审理过程中，办案法官充分认识到家庭暴力危害性的特点，抓紧时间审查证据，仔细研究案情，与陈某进行了面谈、沟通，获知她本人及其家属的现状、身体状况、人身安全等情况，准确把握针对家庭暴力的行为保全申请的审查标准，简化了审查流程，缩短了认定的时间，依法、果断作出裁定，对受暴力困扰的妇女给予了法律上强而有力的正义保护。陈某为家暴受害者如何申请人身安全保护令作出了好的示范，她具有很强的法律、证据意识，在家庭暴力发生后及时报警、治疗伤情，保证自身人身安全，保存各种能够证明施暴行为和伤害后果的证据并完整地提供给法庭，使得办案法官能够快速、顺利地在申请当日作出了民事裁定，及时维护了自己的合法权益。

【法条链接】

《中华人民共和国反家庭暴力法》第二十三条 当事人因遭受家庭暴力或者面临家庭暴力的现实危险，向人民法院申请人身安全保护令的，人民法院应当受理。

当事人是无民事行为能力人、限制民事行为能力人，或者因受到强制、威吓等原因无法申请人身安全保护令的，其近亲属、公安机关、妇女联合会、居民委员会、村民委员会、救助管理机构可以代为申请。

《中华人民共和国反家庭暴力法》第二十九条 人身安全保护令可以包括下列措施：

（一）禁止被申请人实施家庭暴力；

（二）禁止被申请人骚扰、跟踪、接触申请人及其相关近亲属；

（三）责令被申请人迁出申请人住所；

（四）保护申请人人身安全的其他措施。